나는 팀장답게 일하고 있는가

제대로 함께 일하는 리더십

나는 팀장답게 일하고 있는가

윤영철 지음

보랏빛소
Borabit Cow

추천사

4차 산업혁명 시대에 성공적인 리더의 요건은 신기술에 대한 이해, 융복합성, 창조성, 통찰력 등이 있지만, 그중에서도 가장 중요한 것은 바로 '협조성'과 '협업 능력'이 아닐까요. 팀 내의 협업을 성공적으로 이끄는 훌륭한 리더로 성장하고 싶다면 이 책에서 말하는 좋은 팀장의 조건, 즉 '어른십'을 갖추어야 함을 다시 한 번 깨닫습니다.

김혜양 | ㈜유니코써치 대표이사

수많은 외부 강사를 초빙하여 다수의 직무교육과 업무컨설팅을 시행해 보았지만, 이 책의 저자만큼 교육의 효과성을 이끌어내는 컨설턴트를 만나기는 쉽지 않을 것입니다. 저자는 직장생활의 실무경험을 기반으로 성과관리 분야에 대한 깊은 애정과 임팩트 있는 교수법으로 우리 회사를 포함한 수많은 기업의 교육과 컨설팅에서 실행력 있는 성과를 보여주었습니다. 본 도서가 근로시간 단축이라는 이슈에 즈음하여 일하는 방식의 변화를 이끌어내야 하는 팀장들에게 알찬 실무 지침서가 되리라는 것을 확신합니다.

김호경 | ㈜유니드 인사담당 상무

기업을 이끄는 주축이 되는 팀장들이 급속하게 밀레니엄 세대로 교체되고 있으나, 정작 이들에게 밀레니엄 팀원들을 이끄는 방법을 구체적으로 제시한 가이드서는 많지 않습니다. 변화의 시대에 직면했으나 팀장들은 대체 무엇을 어떻게 바꾸어야 할지 막막할 것입니다. 새로운 시대에서 팀원들의 동기부여를 무엇으로 하고, 팀 성과를 어떻게 만들어내야 하는지 배운 적이 없기 때문입니다. 이 책이 오늘날 밀레니엄 세대의 팀장들에게 기본이 되는 운영 가이드가 되기를 기대하며 이 책을 강력히 추천합니다.

이상준 | 아프로서비스그룹 경영지원본부 이사

비즈니스 현장이나 조직생활에서 리더의 역할이 얼마나 중요한지를 깊이 느끼면서도, 정작 좋은 리더를 만들어내는 것에 있어서는 항상 운에 맡기게 됩니다. 어떻게 좋은 리더를 키워야 할지 구체적인 방법을 모르기 때문이 아닐까요. 이와 같은 고민을 하고 있는 이들에게 선물과도 같은 책이 출간되어 매우 기쁘게 생각합니다. 좋은 리더가 되기 위해서는 어떻게 해야 하는지 저자의 세심한 행동 가이드를 통해 그 해법에 한 걸음 다가갈 수 있습니다.

임기석 | ㈜멀티캠퍼스 글로벌 비즈니스 그룹 이사

이 책은 오랜 기간 수많은 실무자들과의 소통을 바탕으로 작성된 것입니다. 조직의 관리자로서 역할 및 리더십에 어려움을 겪고 있는 많은 분이 실제 업무에 적용할 수 있는 현실적인 답변을 얻는 데 큰 도움이 될 것이라고 믿습니다. 이를 통해 우리의 관리자들이 한 단계 더 성장할 수 있는 좋은 계기가 되기를 바랍니다.

김필곤 | ㈜비어케이 기획 및 인사 담당 이사

팀장의 자리에 있는 사람이라면 누구나 '팀을 잘 이끌며 성과를 내려면 어떻게 해야 할까?'라는 고민을 하고 있을 것입니다. 그러나 시중에 나

와 있는 책들은 그저 이러이러한 자질과 역량을 갖추라느니, 어떠한 리더가 되어야 한다느니 하는 추상적인 말만 늘어놓고 있습니다. 그런 때에 출간된 윤영철 대표의 책은 현장에서 오랫동안 경험한 사례와 실질적이고 구체적인 How To를 제시하고 있는 탁월한 실무서가 아닐 수 없습니다. 조직, 성과, 사람관리에 고민하고 있는 모든 리더들에게 강력히 추천합니다.

이규웅 | ㈜세아홀딩스 인재경영팀 부장

제대로, 함께 일하는 팀장은 어떻게 만들어질까요? 원래부터 잘 하거나 성숙한 것이 아니라, 안주를 경계하고 두려움을 넘어 스스로를 계속해서 성장시키는 사람이 진짜 제대로 일하는 팀장이 될 수 있습니다. 결코 혼자서가 아니라, 나의 팀원들과 함께 말입니다. 저자가 현장에서 6,000명의 팀장과 팀원을 만나 찾아낸 살아 있는 해답이 담긴 이 책이 지금 내가 제대로 가고 있는지 의문인 팀장에게 지혜와 용기를 줄 것입니다.

홍현숙 | 동성코퍼레이션 HR팀 팀장

요즘처럼 많은 변화와 불확실성이 높은 시대에서 팀장의 역할은 그 어느 때보다 중요합니다. 업무와 성과관리 강의 및 컨설팅을 통해 수많은 팀장과 팀원의 고충을 접해온 저자가 출간한 이 책이 더없이 반가운 이유입니다. 이 책은 왜 일을 해야 하는지에 대한 목적성뿐만 아니라 일하는 방법까지 구체적인 프로세스로 구성했기에 현업의 팀장들이 유용한 팁을 얻을 수 있습니다. 신임 팀장에게는 모범적인 가이드라인을 제시하고, 기존 팀장들에게는 팀장의 역할을 다시 한 번 상기시켜주는 계기가 될 것입니다.

김영수 | GC HRD팀 팀장

프롤로그

팀장은 제대로, 함께 일하자

최근 일하는 환경은 부카 하다. 부카(VUCA)는 변동성이 크고(Volatile), 불확실하며(Uncertain), 복잡하고(Complex), 모호한(Ambiguous)의 앞 글자를 따서 만든 조어다. 이는 1990년대 냉전 이후 상황을 묘사하기 위해 군대에서 사용하던 말로 요즘은 복잡하고, 가변적이며, 불확실하고, 모호한 경영환경을 가리킨다. 다양한 대체재와 공급이 넘쳐나는 시장 환경 속에서 고객은 자신이 원하는 가치 중심의 소비를 한다. 일은 더 세분화되고, 업무는 더 전문화되었다. 게다가 다양한 고객 접점의 증가로 팀장이 일일이 업무에 관여하거나 의사결정을 하기가 어렵다. 팀원은 점점 개인주의적으로 행동하고, 일에 지쳐 감정 소진을 호소한다. 그렇다면 팀장은 부카 한 환경 속에서 조직 관리, 성과 관리, 사람관리를 어떻게 해야 할까?

먼저 일하는 방법의 질적 개선이 필요하다. 대다수 팀장들은 OECD 회원 국가 중 2위를 차지할 만큼 2,100여의 많은 시간 동안 열심히 일한다. 그래도 성과를 내기가 쉽지 않다. 그런데도 '열심히 하다 보면 뭐라도 나오겠지!'라며 지나치게 낙천적이다. 열심히 일해도 성과가 미진하면 팀원과 환경을 탓하며 더 많은 시간과 에너지를 투입한다. 주 5일, 하루 여덟 시간 일해서 52주를 일하고, 부족한 시간을 야근으로 메꾸며 일해도 성과를 내기 어렵다면 투입시간의 문제가 아닌 방법의 문제를 고민해야 한다. 게다가 이제부터 노동시간이 법적으로 축소되고, 이런 현상은 점차 강화될 것으로 보인다. 이럴 때 제대로, 함께 일하는 방법을 찾는 것이 핵심이다. 변화하는 환경 속에서 기존의 방법을 고수한다면 기대하는 성과를 달성하기 어렵다.

하지만 우리 곁에 있는 팀장들의 모습은 어떤가? 그 속내는 무엇인가?

- ☑ 팀의 성과보다는 자신의 성과, 자신의 처우만 외치는 '아이' 팀장
- ☑ 사소한 것에 목숨 거는 '현미경' 팀장
- ☑ 회사에 몸만 있고, 혼은 없는 '좀비' 팀장
- ☑ 여기저기 돌아다니며 회사 원망, 팀원 원망만 하는 '원귀' 팀장

☑ 오늘을 대충 수습하며 넘어가는 '오대수' 팀장

☑ 무리한 요구와 폭언 등을 쏟아내는 '갑질' 팀장

함께 일하고 싶은 팀장보다는 무시무시한 팀장들이 넘쳐난다. 과연 이 시대에 필요한 팀장은 누구이며, 팀장은 어떻게 일해야 할까?

사회가 복잡해지고, 더이상 팀장 혼자 일하며 성과를 내기 힘든 환경이다. 팀원들과 팀장 사이에도 다양한 가치관이 넘쳐난다. 따라서 팀을 잘 이끌려면 결과만 중시하는 방법으로는 부족하다. 목적을 지향하면서도 기민하게 자신을 변화시킬 수 있는 팀장이 필요하다.

요즘과 같이 한 치 앞도 내다보기 힘든 시기에는 누구나 실수와 오류를 저지르기 쉽다. 오류를 저질렀을 때, 혹은 그런 지적을 받았을 때 그것을 부끄러워하며 스스로 변신하는 리더십이 필요하다. 변화하는 시기와 상황에 발맞추어야 한다. 목적을 바탕으로 스스로 생각하고 행동하고 소통하는 방식을 추구하면서 섬세하고 민첩하게 교정하는 리더십이 필요하다.

혼자가 아닌 함께 생각하고, 함께 일해야 성과를 낼 수 있다. 이루고자 하는 목적을 중심으로 같은 목표를 공유하고, 이를 달성하기 위한 이슈를 발굴하여 실행할 때 비로소 목표가 성과로 탈바꿈한다. 다시 말해 팀장과 팀원 모두가 능동적으로 문제를 발굴하도록 자신의 일에 새로운 질문을 던져야 이슈를 찾을 수 있다. 그리고 이슈를 중심으로 사람들과 토의하고, 각자의 역할에 대한 이견을 좁혀갈 때 성과를 기대할 수 있다.

그렇다면 팀장들은 일하는 방법을 어떻게 바꿔야 할까? 팀장은 혼자 열심히 일하기보다 제대로, 함께 일하려는 자세가 필요하다. 팀장은 성과를 내려면 목적을 중심으로 팀원과 함께 일해야 한다. 팀장은 일의 목적을 이해하고 목표로 바꾸어 팀원들에게 제시해야 한다. 아울러 팀원의 참여를 이끌어내 일을 나누어주고 실행해야 한다.

목표를 성과로 바꾸기 위해서는 현장에서 부딪히는 다양한 상황 속에서 팀원들의 실행 전략을 코칭 하고, 이루어낸 성과를 복기하여 다음 성과를 낼 수 있는 새로운 프레임이 필요하다. 아울러 팀원들의 실행력을 높이기 위해서는 관찰을 통해 그들의 강점과 동기를 자극하고 육성하는 '제대로, 함께 일할 수 있는 어른십'을 익혀야 한다. 목적이 명확하면 성과로 이어진다. 목적이 분명히 하지 않았는데 성과를 냈다면 그것은 자신의 성과가 아니다. 단지 우연일 뿐이다. 목적이 없으면 성과도 없다.

이 책의 사용법

이 책의 저자는 6,000명이다. 필자는 대표작가로, 직업은 강사다. 흔히 강사는 어떤 이미지를 가질까? 한마디로 강사는 어떤 주제를 체계적으로 설명하는 사람이다. 필자는 '일하는 방법', '성과 관리'에 대한 강의를 하기 때문에 강의에 앞서 고객사의 일하는 방법과 문제점, 장점 등을 취재한다. 그리고 그것을 바탕으로 팀장과 팀원들이 체계적으로, 함께 일하는 방법을 모색한다.

이 책은 지난 2014년부터 2017년까지 300여 개 사의 교육에 앞서 인터뷰한 내용과 6,000여 명의 팀장 및 팀원들을 대상으로 강의하며 정리한 내용을 기반으로 집필했다. 이 책에서는 팀장에게 필요한 자세, 그리고 현장에서 적용할 수 있는 노하우를 다음의 여덟 가지 능력으로 나누어서 설명한다.

- ☑ **목적 공유:** 일의 본질인 일을 하는 '이유(WHY)'를 공유하는 방법
- ☑ **목표 설계:** 목적 달성 여부를 확인하며 목표를 보이게 하는 방법
- ☑ **전략 코칭:** 목표 달성을 위한 전략을 수립하고 코칭 하는 방법
- ☑ **성과 복기:** 성과를 낸 업무를 해체하고 시사점을 도출하는 방법
- ☑ **업무 배분:** 팀의 목표 달성을 위해 팀원에게 업무 배분하는 방법
- ☑ **업무 소통:** 일에 대해 질문하고 대화하는 토크샵
- ☑ **동기 관리:** 팀원의 동기를 파악하고, 자극하는 방법

☑ **팀원 육성:** 환경 변화에 적응하고, 실행력 높은 팀원을 지도하는 방법

1부에서는 '제대로, 함께 일하는 어른십'과 팀장들이 일하는 자세를 정리했다. 2부에서는 제대로, 함께 일하기 위해 팀장에게 필요한 8가지 실천방법과 사례를 담았다. 3부에서는 팀장이 제대로, 함께 일할 수 있는 매뉴얼을 정리했다.

이 책에는 응원, 감사, 소명의 메시지를 담았다.

첫째, 현장에서 팀원들과 함께 일하며 씨름하는 팀장들에게 보내는 응원의 편지다. 회사에서 좀 더 밥값과 몸값을 하기 위해 노력하는데 좀처럼 일이 잘 해결되지 않아 고민하는 분들이 이 책을 통해 어떤 식으로든 실마리를 찾기 바란다.

둘째, 우연한 기회로 다양한 회사들의 일하는 방법을 봐오면서 느낀 것을 정리한 감사다. 이 책을 통해 다양한 회사들이 업무 문화를 바꾸기 위해 노력하고 실험하는 데 도움이 되길 바란다. 이 책은 주로 질문과 대답으로 이루어진다. 여러분이 생각하는 질문을 먼저 적고 그 내용 중심으로 우선 읽어보는 것도 효율적이다.

셋째, 필자의 소명의식이다. 소명의식은 개인적으로 삶의 목적을 실현하고, 사회적으로 의미 있는 일을 발견하고 헌신하는 것이다. 이론적으로 연구하는 학자도 있지만, 현장에서 부딪히며 실질적인

방법을 고민하는 사람도 하나쯤 있으면 어떨까 싶다. 나름 체계적인 설명과 신뢰를 갖추려 다양한 연구 결과와 논문을 살폈다. 정성껏 차린 밥상 같은 책이니 맛있게 드시길 바란다. 일할 때 작은 발판이 되기를, 더 나은 삶을 향한 조그마한 실험이 되기를 바란다. 그리고 부디 이 책 중 일부라도 실제 현장에 활용되길 바란다.

운동에서 자신의 힘(자력)만으로 상대를 제압하는 사람은 하수다. 진정한 고수는 상대의 힘(타력)도 이용하여 승리를 이룬다. 팀장은 자신의 일을 해내며 팀원을 이끄는 자력과, 팀원의 생각과 실행력을 이끄는 타력을 아우르는 자세가 필요하다.

그래서 다시 처음 질문을 묻는다.
변화하는 환경 속에서 팀장은 어떻게 일해야 할까?

2018년 8월 광화문 연구실에서
윤영철

차례

2부

제대로, 함께 일하는 어른십 실천법 4+4가지

3부

제대로, 함께 일하는 어른십 매뉴얼

1부

제대로, 함께 일하는 어른십에 대한 이해

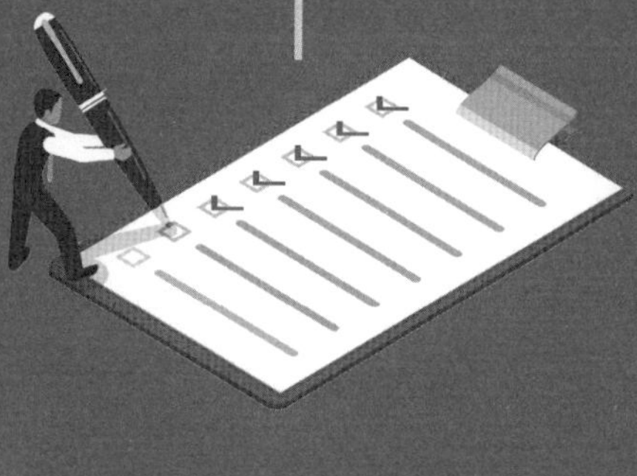

1

제대로, 함께 일하는 어른십은 무엇인가?

시스템에 대한 엄격함과
팀원에 대한 감수성을 아우르자

영화 〈버티칼 리미트〉의 한 장면이다. 유명한 산악인이자 아버지인 로이스는 아들 피터, 딸 애니와 함께 암벽등반을 즐긴다. 그러던 어느 날 가족끼리 서로 노래를 부르며 암벽등반을 하던 중 사고를 맞이한다. 바로 그들의 위에서 초보 암벽 등반자가 실수로 떨어지고 이런 연유로 아버지와 아들, 그리고 딸은 하나의 캠과 로프에 매달린다. 맨 위에는 딸이, 중간에는 오빠가, 끝에는 아버지가 순서대로 매달려 있다.

로프의 맨 끝에 매달린 아버지는 암벽에 가장 가까이 있는 딸에게 캠을 꽂아보라고 하지만 여의치 않다. 암벽에 꽂혀 있는 하나의 캠이 점점 뽑힐 것 같자 아버지는 중간에 있는 아들에게 칼을 꺼내라고 말한다. 아버지는 한 캠에 두 명까지는 매달려 있을 수 있으니 오빠에게 아버지가 매달린 로프의 마지막 부분을 끊으라고 소리친다. 아버지가 매달린 로프를 끊으면 아버지가 죽고, 로프를 끊지 않으면 여동생과 자신, 아버지 모두가 죽는 위기의 순간, 로프의 중간에 있는 오빠는 어떻게 해야 할까? 여분의 캠을 암벽에 꽂기 위해 시도해보고 싶지만, 꽂혀 있는 캠이 점점 빠지고 있어 이제 시간이 얼마 남지 않았다.

만약 당신이 로프의 중간에 매달린 오빠라면 어떤 선택을 할 것인가?

정답을 찾기 어려운 딜레마다. 오빠가 줄을 끊는다면 아버지의 말처럼 자신과 여동생은 살 수 있다. 아버지 한 명의 목숨을 희생해서 두 명의 목숨을 살릴 수 있다. 지극히 합리적이고 타당하다. 하지만 줄을 끊고 살아남는다고 해도 아버지를 죽였다는 죄책감에 빠져 편안할 수 없다. 반면 오빠가 줄을 끊지 않는다면 아버지와 여동생, 그리고 자신, 가족 모두가 죽을 수 있다. 줄을 끊지 못하는 이유는 아버지를 죽였다는 죄책감에 시달릴 것이 분명하기 때문이다. 아버지를 죽였다는 죄책감, 살아남아서 겪을 슬픔 등 감성적인 이유로 줄을 끊을 수 없다. 하지만 우리는 선택을 해야 한다.

이 장면에서 로프와 캠은 하나의 시스템, 규정 등을 의미한다. 회사에서 시스템과 규정은 지극히 이성적이며, 다수의 편의와 이익을 목적으로 한다. 세상에 존재하는 모든 시스템은 선함과 옳음에서 출발하지 않는다. 최대 다수의 이기심을 보장하는 것이 제도의 시작이다. 시스템에 손을 갖다 댈 때 차가움을 느낀다. 영하의 온도, 비인간적인 느낌이다. 하지만 회사에서 시스템이 일하지는 않는다.

일은 팀원들이 한다. 모두가 이성적일 수는 없고 대부분 인정받고, 존중받기를 원한다. 팀원들은 회사에서 자신을 소중히 대하고, 인정과 존중의 감성으로 대해주길 바란다. 이렇듯 사람은 감정을 중시한다. 즉, 존중감, 진정성, 애사심 등의 마음이 시스템에 활력을 불어넣는다. 한마디로 시스템은 엔진이고, 감성은 가솔린이다. 이성적 판단도 중요하지만, 감정적 이입이 더 큰 폭발력을 발휘한다.

팀장이 시스템과 규정에 따라 일하면 팀원들은 이성적이고 합리적인 지시라고 여긴다. 하지만 지나치게 규범적이고 차가운 팀장과는 함께 일하고 싶어 하지 않는다. 겉으로는 팀장의 지시에 수긍하지만, 속으로 '저 사람은 법대로만 일하는 사람이네. 같이 일하려면 조심해야겠어'라고 생각한다. 반면 팀장이 팀원들의 감정에 좌지우지되어 쩔쩔매면 기준도 없고 공정하지 않다고 여긴다. 예를 들어 팀장이 힘들다고 징징대는 팀원에게는 일을 조금 주고, 묵묵히 자신의 일을 소화해내는 팀원에게는 더 많은 일을 맡긴다면 팀원들은 상황을 이해하면서도 '이 팀장은 너무 일관성이 없어'라고 생각한다. 팀장이 팀원마다, 사안마다 다르게 지시하고 행동하면 시스템은 무너진다.

팀장들에게 〈버티칼 리미트〉 문제를 물어보면 자신들의 가치관에 따라 다양하게 대답한다. 결국 팀장은 시스템을 유지하는 이성과 팀원들의 마음을 헤아리는 감성 사이의 경계에 선다. 팀장은 이성과 감성, 생각과 감정 사이의 경계에서 어떤 선택을 해야 할까?

팀장은 이성과 감성의 조화로움이 필요하다. 팀장은 제도를 준수하는 엄격함과 팀원을 따뜻하게 대하는 감수성의 조화로움을 갖추어야 한다. 즉, 상황이 긴급하고 팀원들의 숙련도가 부족하다면 팀장은 이성적이고 합리적으로 일하는 방법을 모색해야 한다. 반대로 여유가 있고 숙련된 팀원들과 일한다면 팀장은 감성적으로 일할 수 있다. 감성에 의존하면 '인치'이고, 규정과 룰에 의존하면 '법치'다. 업무 현장의 다양한 상황 속에서 어느 한쪽에만 의존해서는 성과를 낼 수 없다. 때로는 인치로, 때로는 법치로 팀을 다스리는 양손잡이 팀장이 필요하다.

이성과 감성의 조화로움은 물리적으로 5 대 5의 비율이나 6 대 4의 숫자를 뜻하지 않는다. 팀장 스스로 일에 대한 본질과 팀원에 대한 애정을 근거로 만들어내는 것, 다시 말해 자신답게 선택하는 것이 조화로움이다. 이성과 감성의 조화로움은 이성적으로 일을 다루는 업무 프레임과 팀원을 대하는 남다른 마음씀씀이 사이의 균형을 말한다. 이성과 감성의 균형을 찾으며 이성적으로 '제대로', 감성적으로 '함께' 조화롭게 일하는 팀장 리더십이 필요하다.

제대로, 함께 일하는 리더십은 일의 목적을 목표로 전환하고, 팀원들의 참여를 끌어내 성과로 만드는 리더십이다. 즉, 팀원들과 함께 집단의 지혜를 발휘하여 팀원의 성과와 실행에 영향을 미치는 팀장의 생각하는 방식, 행동하는 방식, 소통하는 방식을 말한다. 팀장은 시스템을 준수하는 엄격함과 팀원들의 감정을 중시하는 감수성을 조율해나가는 성숙하고 책임 있는 사고방식을 갖추어야 한다.

제대로, 함께 일하는 팀장 리더십은 일이 품고 있는 목적을 공유하는 1단계, 목적을 목표로 전환하는 2단계, 목표를 중심으로 팀원들의 참여를 끌어내 성과를 창출하는 3단계로 나뉜다.

1단계 목적(Objective)은 일할 때 가장 먼저 고려하는 방향으로, 일이 생겨난 이유다. 일을 요청하는 사람이 기대하는 방향, 의도 등을 뜻한다.

2단계 목표(Goal)는 일의 목적이 달성되었는지 확인하는 단계로, 일을 통해 얻고자 하는 결과물이다. 한마디로 목적 달성 여부를 확인할 수 있는 상태, 조건 등이다.

예를 들어보자. 누구나 건강하길 바란다. 건강은 자신이 바라는 바, 기대하는 바로 '목적'이다. 그렇다면 건강하게 살고 있는지 어떻게 판단하고 관리해야 할까? 목적인 '건강'의 성공적인 결과를 나타내는 지표를 '목표'로 정할 수 있다. 작은 치수의 옷을 입고 싶은 여성은 자신의 '옷 사이즈'로, 혈압이 높은 할아버지는 '혈압'으로, 배가 나온 아저씨는 '허리둘레 사이즈'로 목표를 설정할 수 있다. 이것들은 목표다. 목표를 정한다고 다 성과를 내는 것은 아니다.

3단계 성과(Performance)는 일을 수행해서 목적을 달성해 얻는 결과물이다. 목적을 반영한 목표를 달성해야 성과로 변한다.

팀장 혼자서 팀의 목표를 성과로 바꿀 수 없다. 팀의 성과는 협업으로 이루어지기 때문이다. 목표를 성과로 바꾸려면 팀장은 팀원들의 참여를 끌어내기 위해 노력해야 한다. 팀원들에게 구체적인 목표의 설계도를 그려 보여주고, 목표를 잘게 쪼개어 배분해야 한다. 아울러 팀원들이 목표를 성과로 바꾸는 전략을 수립하도록 코칭 하

목적 중심으로 일하는 태도와 방법 4+4개

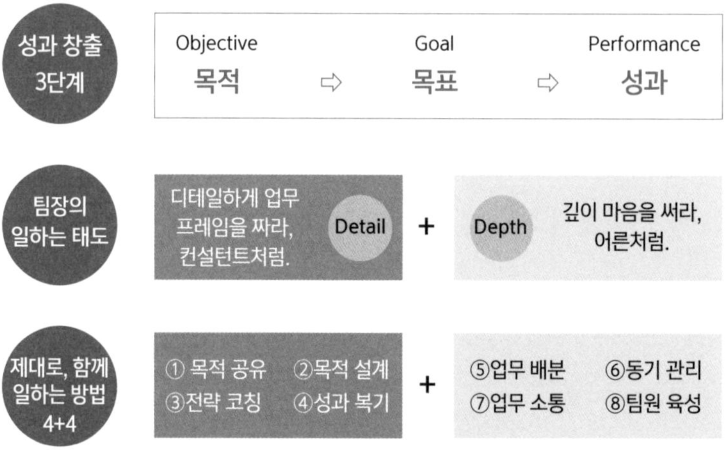

고, 실행 후에는 성과를 복기해야 한다. 이와 같은 단계들을 아우르는 팀장의 이성적이고 섬세한 업무 프레임이 필요하다.

아울러 팀원들에 대한 깊이 있는 통찰로 참여를 이끌어야 한다. 팀의 목표를 성과로 바꾸기 위해 팀원들의 성향과 업무 형태를 기준으로 일을 배분하고, 감성을 활용할 수 있어야 한다. 또한 팀원들에게 동기부여를 하며 긍정적으로 소통할 수 있어야 한다. 팀원들이 환경 변화에 적응할 수 있도록 육성하는 노력도 필요하다. 이런 과정을 거치면 목표는 성과로 변하고, 팀의 성과에는 팀장의 손맛이 묻어난다.

제대로 함께 일하는 팀장은 여덟 가지 도구로 목표를 성과로 바꾼다. 앞의 그림은 회사에서 필요한 팀장의 두 가지 태도와 실천법을 나타낸다.(제대로 함께 일하는 방법은 2부에서 상세히 다룬다.)

드라마 〈미생〉에서 첫 출근 하는 아들에게 어머니는 "어른은 '나 어른이요!'라고 떠든다고 되는 게 아니야. 꼭 할 줄 알아야 하는 건 꼭 할 수 있어야지"라고 당부하며 넥타이를 고쳐준다. 팀장은 조직에서 어른이다. 어른은 그 책임을 알고, 책임에 호응하는 자세를 갖추어야 한다. 사람마다 그 기준선에 도달할 수도 있고, 도달하지 못하는 경우도 있다. 도달 여부도 중요하지만, 어른의 책임을 아는 것과 노력하는 것이 무엇보다 중요하다. 리더십은 책임 여부도 중요하지만, 그 과정이 더 중요하다. 기존에 머물던 자리에서 움직임을 꾀해야 한다. 자신에게 익숙한 둥지만을 고집하면 결코 새로운 역할을 맡을 수 없다.

가보지 않은 길을 걸어가자

이전의 성과 관리는 '결과'를 중시했다. 팀장은 각자 주어진 일을 열심히 하면 성과가 난다고 했다. 한마디로 군인과 같은 규율에 의존하고, 원칙에 따라 실행했다. 그리고 성과가 나지 않으면 팀장이 아직 규율에 익숙하지 못해서 미흡하다고 비난받았다.

과거에는 과제가 왜 생겨났는지, 과제에서 해결할 문제가 무엇인지, 업무의 흐름이 어떤지는 제쳐놓고 제시된 수치인 '매출액', '고객의 수' 등을 달성하는 것에 초점을 맞추었다. 그러다 보니 결과를 달성해도 헛헛함을 감출 수 없었다. 하지만 이제는 달라졌다. 스스로 일을 찾아서 해야 한다. 업무 현장이 역동적으로 바뀌어가고 있는데, 팀장이 연초에 하기로 한 일에만 연연한다고 해서 성과가 달성되는 것은 아니다.

그렇다면 제대로, 함께 일하는 방법은 무엇인가?

제대로, 함께 일하는 방법

목적, 목표
(Why, What)

수단, 방법
(How)

(　) = (　) × (　)

대부분의 일은 목적을 공유하고, 목표를 구체화하여
팀원의 실행으로 수단과 방법을 찾아 성과로 만드는 과정이다.
즉, 일은 ( ) = ( ) × ( )을 결정하는 과정이다.

제대로, 함께 일한다는 것은
'정답'이 아닌 '해답'을 찾는 과정이다!

위의 도표에서 ( ) = ( ) × ( )는 목적 중심으로 일하는 방법을 설명한다. 좌변에는 일의 목적과 목적 달성 여부를 확인할 만한 목표를 넣을 수 있다. 우변에는 이런 결과를 낼 만한 숫자를 넣을 수 있다. 예를 들어 좌변이 15라면 우변에는 1과 15, 5와 3 등을 넣을 수 있다. 대부분의 일이 이 식에 대입된다. 어떤 목적에서 좌변에 목표 숫자를 넣을지 결정하고, 아울러 그 답을 찾기 위한 제약조건 내에서 숫자를 넣을 수 있다. 결국 성과 창출은 정해진 답을 찾는 것이 아닌 괄호를 채우기 위한 해답을 찾는 과정이다. 이 속에서 팀장은 좌변의 목적을 이해하여 목표를 결정하고, 우변의 수식을 완성하기 위한 숫자를 찾는 과정을 팀원과 함께한다.

늘 하던 방법으로 일하면 늘 얻던 결과만 얻는다. 그런데 지금부터는 늘 하던 대로만 일하면 그나마 얻던 것도 놓칠 수 있다. 이제 팀장은 결과만 중시하고 자기 관리만 하는 리더십이 아닌, 업무에서의 공적 역할을 깨닫고 팀원들을 챙기는 성숙함이 필요하다. 그 전보다 어른스러운, 성숙한 리더십이 필요하다.

서울대 송호근 교수는 《가보지 않은 길》이라는 책에서 "우리 기업들이 이룬 성과는 그동안 남 하던 대로 해서 여기까지 온 것이다. 이제 우리 기업과 국민은 새로운 고민에 직면했다. '가보지 않은 길'을 가야 경기침체에서 벗어날 수 있다. 특히 회사는 민첩한 리더십, 신뢰 경영, 혁신 역량, 임금과 고용 개혁이 새로운 성장 동력이 되어야 한다. 아울러 기업이나 직원 모두 공적 역할을 깨달아야 한다. 사회야 어떻게 되든 말든, 자신들의 내부 사안에만 관심을 가지면 모두 매몰될 것이다"라고 했다.

제대로 함께 일하는 팀장은 다시 말해 수평적 관계에서 자발적으로 행동하는 어른이다. 성숙한 팀장은 자신의 성과에 충실하면서도 자제와 양보를 통해 전체의 성과를 아우르는 리더다. 성숙한 리더십이 없는 회사에서는 배려심이 나오지 않는다. 무슨 일만 생기면 남 탓을 하고, 시스템과 회사가 모든 것을 다 해결해주길 기대해서는 성숙한 리더십인 목적 중심의 리더십이 길러지지 않는다. 팀장은 알아서 열심히 자기 일만 잘하는 것이 아닌, 어떻게 하면 목적 중심으로 팀원들과 함께 팀플레이를 하고 팀원들의 잠재력을 끌어낼 것인지 고민해야 한다. 그렇다면 목적 중심으로 함께, 제대로 일하는 팀장이 되기 위해서는 어떤 준비를 해야 할까?

디테일한 업무 능력과 팀원에 대한 통찰을 더하라

비스마르크는 19세기 후반의 독일 재상으로, 다른 이름은 철혈 재상이다. 그가 어느 날 친구와 함께 사냥을 갔다. 그런데 안타깝게도 친구가 늪에 빠졌다. 마침 사냥에 사용할 총을 가지고 있어서 친구에게 내밀어보았지만 거리가 너무 멀어서 닿지 않았다. 주위엔 친구를 끌어줄 밧줄도 없었다.

비스마르크는 곰곰이 생각한 끝에 갑자기 총구를 친구에게 겨눴다. 그리고 이렇게 이야기했다. "늪에 빠지면 자네는 숨이 막히는 큰 고통을 겪게 될 거야. 어차피 죽어야 한다면 차라리 고통을 겪지 않는 것이 나을 것 같네. 내가 자네를 이 총으로 쏴 죽여서 고통을 줄여주겠네." 가뜩이나 늪에서 빠져나오기 위해 허우적대느라 힘이 빠질 대로 빠져 있던 친구는 믿었던 비스마르크가 자신을 죽이려 하자 엄청난 분노를 느꼈다. 그리고 죽을 힘을 다해 총구를 피하면서 늪에서 빠져나와 자신에게 총구를 겨눴던 비스마르크에게 앙갚음을 하려 달려들었다. 그때 비스마르크는 침착하게 이야기를 이어갔다. "내가 만약 자네를 쏘려 하지 않았다면 자네는 결국 늪에 빠져 죽어서 시체도 찾지 못했을 거야. 내가 총구로 겨눈 것은 자네가 아니라 포기하려는 자네의 나약함이었어."

만약 비스마르크가 늪에 빠진 친구를 돕기 위해 무턱대고 뛰어들었다면 둘 다 죽을 수도 있었다. 하지만 비스마르크는 친구가 빠진 늪을 파악하고, 아울러 친구가 아주 심한 분노를 느끼면 평소에 보이지 않던 초인적 능력을 발휘할 수 있을 거라고 생각했다. 비스마르크는 상황을 면밀히 파악하고, 친구에 대한 깊은 이해를 바탕으로 어떤 방법이 효과적일지 찾아냈다.

알고 보면 일은 복잡하지 않다. 사람이 복잡할 따름이다. 팀장과 팀원은 합리적이고 이성적인 사람이고, 아울러 감정적이다. 우리는 무언가를 결정할 때 제한된 정보 속에서 합리적으로 결정하지만, 어떨 땐 감정에 따라 손해를 보며 결정하기도 한다. 회사에서 일하며 조직의 가치관을 알면서도 자신의 생각과 선호에 따라 일하기도 한다. 따라서 팀장은 목적을 목표로 설정하고, 목표를 성과로 달성하기 위해 혼자서 열심히 일하는 단계를 넘어서 일을 디테일하게 다루고 함께, 제대로 일하는 팀원을 깊이 있게 통찰할 수 있어야 한다. 즉, 제대로, 함께 일하는 팀장은 일을 다루는 섬세한 업무 프레임과 함께 일하는 사람들을 깊이 있게 통찰하고 일할 마음을 먹게 하는 마음 씀씀이를 가지고 있다.

다음 장에서는 제대로, 함께 일하는 팀장이 디테일하게 일을 다루는 업무 프레임을 이해하고 이를 준비하는 방법을 살펴보자.

2

디테일한 업무 프레임을 짜라,
컨설턴트처럼

성과는 '제때'와 '제대로'를 곱한 결과다

팀장이 제대로, 함께 일하기 위해 첫 번째로 준비해야 할 것은 '디테일한 업무 프레임'이다. 왜 팀장은 디테일한 업무 프레임이 필요한가? 다음 예시를 살펴보자.

어느 농부가 밭에서 일하다가 저편에서 뛰어오는 토끼 한 마리를 보았다. 토끼는 제 속도를 못 이기고 나무 밑동에 걸려 나동그라졌다. 농부는 우연한 기회로 토끼를 얻게 되어 아주 흐뭇했다. 다음 날부터 농부는 나무 뒤에 숨어서 '또 어디서 멍청한 토끼 한 마리가 오지 않으려나?' 하며 기다렸다. 당연히 토끼는 얻을 수 없었고, 농부는 사람들의 웃음거리가 되었다. 잘 알려진 《한비자》에 나오는 '수주대토'의 우화다. 왜 농부는 웃음거리가 되었을까?

노력 없이 얻은 성과는 결코 계속될 수 없고, 요행으로 얻은 성과는 결코 반복되지 않는다. 수주대토는 노력 없이 얻은 성과가 얼마나 가벼우며, 의도 없는 행동은 결코 성과를 낼 수 없음을 의미한다. 팀장은 일의 끝에 얻은 성과를 일의 시작에서 고려한 목적과 비교하고, 성과를 재현하는 프레임을 구축해야 한다.

그러면 팀장은 어떻게 성과를 내야 할까? 성과는 두 종류로 나뉜다. 바로 전략적 성과와 적응적 성과다.

먼저 전략적 성과는 계획을 잘 따르고 실천하는 능력에서 비롯되는 성과로 생산성, 효율성, 통제를 중시한다. 예를 들어 연초에 수립한 사업계획의 성과 같은 것이다.

적응적 성과는 상황에 대한 적응, 대안에 대한 창의성 등에서 비롯되는 성과다. 예를 들어 고객의 클레임을 받은 영업사원이 하루에 고객사를 방문해 문제를 처리하는 것은 전략적 성과이고, 클레임을 제기하는 고객을 상대하거나 기술적 문제를 해결하는 것은 적응적 성과다.

일반적으로 연초에 목표를 수립하고 이에 집중하면 적응적 성과가 저조해진다. 한마디로 열 받아 있는 고객에게 고객응대 매뉴얼대로 줄줄 읽기만 하면 불만은 더 커지기 마련이다. 팀장들이 일부러 창의성을 짓누르지는 않지만 현장에서 문제가 발생했을 때 유연성과 창의성을 발휘하지 못하고, 방침에 따라 생산성과 통제성을 추구하는 과정에서 팀원들의 창의성을 억압한다. 정리하자면 생산성, 효율성, 통제를 지나치게 강조하는 전략적 성과가 창의성, 적응성, 현장성에서 비롯되는 적응적 성과를 망치는 것이다.

상당수의 기업들이 연초에 사업계획의 수립 목표를 설정하고 시스템 유지에 전념하면서 연중에 발생하는 적응적 성과를 놓친다. 사업계획은 계획대로 하고, 현장의 성과는 현장대로 돌아가는 이중적 구조다. 대다수의 회사가 연초에 왜 계획을 세웠는지 모르고, 평가는 평가대로, 일은 일대로 하는데 팀장은 일의 목적을 중심으로 목표를 구체화하여 전략적 성과와 적응적 성과의 상반된 균형을 이루어야 한다.

대부분의 팀원들이 회사의 전략과 일치하지 않는 쇼윈도 성과에 시달린다. 그리고 팀원의 80퍼센트 이상은 회사의 최우선 순위에 몰입하지 않는다. 회사가 무엇을 추구하는지, 어떤 목표와 우선순위를 추구하는지 모르기 때문이다. 게다가 팀원의 70퍼센트 이상은 자신의 일이 회사에 도움이 되지 않고 허드렛일에 지나지 않는다고 생각한다. 쇼윈도 성과는 겉으로 보기에는 분명히 성과가 있는데, 회사의 전략과 목표에 도움이 되기는커녕 오히려 방해만 된다. 때마다 열리는 회의, 끊임없는 서류작업, 보고용 업무일지, 갈등만 조장하는 회식 등이 가짜 업무에 해당한다. 그렇다면 팀원들은 왜 이런 가짜 업무에 매달릴까?

흔히 팀원들은 회사에서 살아남기 위해 서로 경쟁적으로 더 오래 일하는 것처럼 보이려고 애쓴다. 우리는 일하는 시간에 비례해 돈을 받기 때문이다. 그래서 때때로 20분이면 끝날 일을 두 시간 동안 붙들고 있기도 한다.

성과는 고객에게 가치를 제공했는지의 여부와 목적을 달성했는지의 여부를 곱한 결과다. 실제 일한 시간의 총합인 업무 합계량이 아니다. 성과는 '제때'와 '제대로'를 곱한 결과다.

'제때'라는 것은 업무 고객이 요구하는 속도 대비 성과 달성의 속도를 말한다. 성과 달성의 속도는 한 시간, 두 시간 등과 같은 물리적 시간이 아니라 고객이 찾는 시간, 필요한 때인 심리적 속도다. 예를 들어 상사가 보고서를 찾으면 이미 제때에 보고서를 제공했다고 볼 수 없다. 업무 실행자의 시간보다 업무 고객의 시간에 얼마나 맞추느냐가 관건이다. 또 '제대로'라는 것은 일의 목적을 이해하고, 업무 고객의 필요사항과 요구사항을 수행했는지의 여부를 나타낸다.

진짜 성과(Perfect Performance)는 고객의 요구사항과 일의 목적을 고객이 원하는 때에 맞춰서 제때, 제대로 달성한 성공적인 결과다. 하지만 다른 성과는 어떤가? 가짜 성과(Fake Performance)는 고객이 원하는 속도에는 맞췄지만, 일의 목적이나 고객이 원하는 바는 채워주지 못한 것이다. 늦은 성과(Missed Performance)는 고객의 요구사항이나 기대사항을 달성하기는 했지만, 일의 실행 속도 면에서 맞추었다고 볼 수 없다. 제일 문제는 실행 성과(Done Performance)다. 일을 하기는 했는데, 속도와 목적을 모두 이루지 못했기 때문에 다시 실행해야 한다. 이는 오히려 업무의 양을 늘린다. 그래서 실행 성과는 가장 골칫거리다. 쇼윈도 성과는 가짜 성과, 실행 성과, 늦은 성과를 아우른다. 팀장은 쇼윈도 성과가 아닌 진짜 성과를 내야 한다.

자동차부품회사의 컨설팅을 하며 최근 3년간의 성과를 진단해본 결과 쇼윈도 성과가 실제로 팀장과 팀원들이 일한 결과의 85퍼센트를 차지했다. 일을 했으나 목적을 달성하지도 못하고 원하는 시간에 제공하지도 못했는데, 그런 성과를 근거로 보상하고 승진했다.

팀장이 실제로 일하며 고생하는 이유도 실행 성과 때문이다. 팀원들에게 일을 시키면서 일의 속도와 일의 목적을 제대로 공유하지 않는 것이 문제다. 물론 센스 있는 팀원이 제대로, 제때 하면 좋겠지만, 그건 천재일우다. 만약 팀원이 이해한 선에서 "여기까지 했습니다"라며 보고서를 제출하면, 팀장은 뒤치다꺼리의 업무폭탄을 껴안는다. 이때부터 팀장은 수습에 나서야 한다. 그건 어디까지나 팀원이 부족하고 잘못한 것이다. 팀원이 잘못 알아들었고, 실행 성과를 가져왔다. 그래서 뭐라고 한마디하고 싶지만, 갑질 하는 팀장이라고 생각할까봐 그러지도 못한다. 꼼꼼히 낱낱이 가르치자니 직접 처리하는 게 빠르겠다는 계산이 선다. 팀장은 징벌하기 전에 수습하는 것이 우선이다. 업무폭탄의 최우선 피해자는 팀장이다.

진짜 성과를 내기 위해 요즘 기업들이 채택하는 방법으로는 토요타의 '액셀 원(excel 1)', 스탠포드 리서치 연구소와 LG전자의 '엔에이비씨(NABC)', 맥킨지와 피앤지(P&G)의 '오지에쓰엠(OGSM)' 등이 있다. 또한 우아한형제들의 '송파구에서 일 잘하는 방법 11가지', SK하이닉스의 '4가지 리더십', CJ의 일하는 방식 6단계, 건축감리회사인 한미글로벌의 '한미글로벌의 웨이' 등도 있다.

먼저 엑셀 원은 토요타의 일하는 방식이다. 이는 소집단 활동, 적시생산방식(Just In Time), 간판방식 등 예전부터 꾸준히 자신들의 혁신 기법을 추구한 그들의 새로운 프레임 중 하나다. 엑셀 원은 '목적-현상-과제-대책-스케줄'이라는 틀을 갖고 한눈에 전체가 보이도록 구성되어 있다. 목적-현상-과제-대책-스케줄이라는 구조성과 한눈에 보이도록 하는 일람성은 3초라는 단시간에 관련된 정보와 의견을 보고 리더가 일을 결정하여 추진하기 위함이다. 토요타에서는 모든 업무를 소통하고 실행할 때 A3 또는 A4 사이즈의 한 장으로 정리한다.

NABC는 Needs(요구), Approach(접근법), Benefits(이익), Competition(경쟁요인)의 앞 글자를 축약한 조어다. 요구(Needs)는 시장에 숨어 있는 고객의 필요사항과 요구사항을 명확히 드러내며, 접근법(Approach)은 고객의 요구를 해결하기 위한 차별적 방법을 제시한다. 아울러 고객의 관점과 사업의 관점에서 얻을 수 있는 이익(Benefits)을 예측하고, 기술 또는 제품에 대한 현 수준의 정의 및 출시 시점의 경쟁력(Competition)을 점검한다.

엔에이비씨는 스탠포드 리서치 연구소에서 기술의 사업화를 강화하기 위해 사업 과제를 발의하고, 의사결정을 하는 프레임이다. 스탠포드 리서치 연구소는 스마트폰 인공지능 가상 비서인 빅스비, 시리를 만들었다. 엔에이비씨는 일에 대한 관점을 '늘 실행하는 관점'에서 '사업화 관점'으로 바꿔야 할 필요성에 의해 탄생했다. 한마디로 당연히 하는 일에 그치지 않고, 고객의 입장에서 점검하고 사업화할지, 말지를 점검하자는 취지에서 만들어졌다. 이에 따라 사업 과제를 고객과 경쟁사의 관점에서 비교하고 분석하면서 기술을 지속적으로 개발할지, 그만둘 것인지를 결정하게 되었다. 한마디로 엔에이비씨는 업무소통의 툴이자 의사결정의 도구다.

오지에쓰엠(OGSM)은 피앤지, 씨제이(CJ) 그룹이나 맥킨지에서 활용한다. OGSM은 Objective(목적), Goals(목표), Strategies(전략), Measures(평가)의 약자로, 달성하고자 하는 목적과 목표, 전략, 실행 간의 관계를 가리킨다. 목적(Objective)은 일이 달성해야 하는 질적인 것으로, 가장 먼저 고려한다. 일정한 기간 내에 실행되고, 회사에서 중장기적으로 이루고자 하는 미션과 동일선상에 둔다. 목표(Goal)는 목적의 달성 여부를 양적으로 확인할 수 있도록 나타낸다. 하나의 목적을 여러 개의 목표로 나눌 수 있고, 숫자로 나타낸다. 전략(Strategies)은 목표를 달성하기 위해 선택한 루틴(routes, 명령)이다. 효율의 극대화를 위하여 네 개에서 최대 다섯 개의 과제로 제한한다. 특히 집중해야 할 타깃을 명확히 하며, 경험을 통해 성과로 이어질 수 있는 실질적 가이드라인이다.

송파구에서 일 잘하는 방법 11가지는 '배달의 민족'이라는 앱(App)을 만드는 '우아한형제들'의 일하는 방식이다. 그들의 첫 번째 방식은 '9시 1분은 9시가 아니다'로, 스스로 세운 규칙을 자율적으로 지킬 것을 강조한다. 다른 방식으로는 '잡담을 많이 나누는 것이 경쟁력이다'가 있다. 잡담이 경쟁력이라는 것은 일상에서 팀장과 팀원이 가벼운 대화로 서로 심리적 거리감을 좁혀야 회의 등에서도 자유롭게 토론할 수 있다는 취지다.

SK하이닉스의 일하는 방법은 네 가지로 리더십으로 이루어진다. 즉, 일의 극한과 완벽을 추구하는 'CbA 리더십', 일의 배경과 취지에 대한 공감을 형성하는 'Why 리더십', 말과 행동의 일치성을 높이고 리더 자신이 직접 리딩 하는 '솔선수범 리더십', 구성원들과 많은 대화, 의견 존중, 구성원에 대한 배려를 의미하는 'Two-way 리더십' 등이다.

CJ의 일하는 방식은 여섯 단계로 나뉜다. 1단계는 목적·목표에 대한 이해, 2단계는 충분한 조사, 3단계는 계획 설계, 4단계는 챌린지, 5단계는 팔로우 업, 6단계는 복기와 자산화다. 1단계는 업무의 개념에 입각하여 목적과 목표를 명확히 파악하였는지, 문제를 인식했는지를 확인하는 단계다. 2단계에서는 의사결정에 필요한 수준으로 조사하였는지 철저한 조사를 통해 그 내용과 방법을 운영한다. 3단계는 치밀하게 업무 계획을 세우고, 발생 가능한 리스크에 대비책을 마련하는 절차다. 4단계는 다양한 업무 관련자들과 함께 이의 제기를 통해 타당성을 검토하는 단계다. 5단계는 실행의 마지막 단계까지 근성 있게 챙기고, 이에 대한 체크리스트 등을 정리하고 확인하는 단계다. 6단계는 달성한 성과를 리뷰 하여 개선점을 도출하고 공유함으로써 사후관리를 하기 위한 재정리 단계다.

한미글로벌의 웨이는 건축감리회사인 한미글로벌의 일하는 방식이다. 모든 일을 프로젝트화하여 관리하고, 회사의 구성원 모두가 프로젝트 매니저로서 일하기 위한 목적이다. 모든 구성원이 프로젝트의 책임자로서 일을 스마트하게 실행하자는 뜻이다. 이는 계획을 중시하고, 일의 결과를 미리 예측하여 일정을 관리하자는 취지다. 또한 지속적인 커뮤니케이션을 통해 고객의 관점에서 일을 개선하고 혁신해야 한다고 강조한다. 한미글로벌 웨이는 업무 수행 방식, 커뮤니케이션 방식, 고객을 대하는 방식, 업무 혁신 방식 등 네 개 카테고리와 구체적인 업무 방식 스무 가지를 제시한다.

삼성전자는 2017년 초 그룹장, 파트장, 직장 등의 중간관리자들에게서 리더십 기본 교육에 대한 니즈를 접수받아 교육과정을 새로 만들었다. 특히 사업부장인 임원들도 중간관리자들의 업무 역할을 인터뷰에서 강조했다. 한 임원은 "리더십은 팀플레이를 가르치는 과정이라고 생각합니다. 그리고 중간관리자는 이런 팀플레이의 구심점으로 팀원의 잠재력을 이끌어내는 능력이 필수입니다. 실무 최전선에서 업무 및 사람을 관리하는 것은 현장의 중간관리자입니다." 이런 학습자들의 요청과 사업부장들의 요구에 따라 리더들을 대상으로 15개의 과정을 만들고 연간 두 개 과정 이수를 목표로 업무 방법을 지속적으로 혁신하고 있다. 한마디로 정리하면 현장 리더들의 역할을 강조하고 팀플레이를 극대화하기 위해 우선적으로 현장 리더들을 대상으로 교육 중이다.

진짜 성과를 얻기 위해 노력하는 회사들의 공통점은 일람성, 문자와 수치의 혼용, 간소화, 현장에서 일하는 팀장이 일하는 방법을 체득하도록 한다는 것이다.

첫째, 일람성을 선호한다. 일의 목적-목표-전략-계획 등을 한눈에 파악할 수 있도록 하거나, 요구-접근법-이익-경쟁력 요인 등으로 한눈에 나타낸다.

둘째, 문자와 숫자의 혼용으로 이루어진다. 예를 들어 목적이 문자로 서술형으로 이야기한다면, 목적의 달성 여부를 확인하는 목표는 숫자로 지표화한다. 아울러 목표를 달성하는 접근법이나 전략 등은 여러 사람의 의견을 모아 문자로 표현하고, 실행 계획에는 반드시 기한과 일자 등을 기록한다.

셋째, 간소화가 나타난다. 엔에이비씨나 오지에쓰엠, 엑셀 원 등은 한 장 정도의 간소한 템플릿으로 활용한다. 일부 기업들은 주로 원칙이나 수행 등의 규범형으로 행동수칙을 강조하거나 단계 등의 절차를 강조한다.

넷째, 현장에서 팀장이 실질적으로 체득을 강조한다. 연초에 세운 사업 계획과 관련해 전략적 목표를 세우거나 평가를 위한 목표 수립이 중요한 것이 아니다. 다양한 상황에서 일의 본질인 목적을 목표로 바꾸고, 팀원들에게 전략을 코칭 하는 현장 리더의 일하는 실력을 반복적으로 강조한다.

이러한 방법을 따르면 성과가 달성될까? 성과를 운에 의존한다면 도대체 무엇을 어떻게 해야 할까? 또 성과가 운이 아니라면 무엇을 준비해야 할까?

운이 좋아도
실력이 없으면 성과는 없다

얼마 전 광고회사 팀장들을 상대로 일하는 방법에 대한 인터뷰를 했다. 그들은, 광고는 창조적인 아이디어와 광고주의 마음을 읽어내어 제작되는데, 광고의 성과는 착실한 프로세스와 프레임에 의해 이루어지는 것이 아니라고 했다. 오히려 꾸준히 몰입하다 마감 네 시간 전 갑자기 '그분'이 와서 아이디어를 줄 때 이뤄진다고 했다. 광고는 한 땀, 한 땀의 노력과 번뜩이는 아이디어로 판이 뒤집혀야 성과가 난다는 것이다. 마치 체계적으로 일하는 방법과 시스템적 사고보다 우연한 감인 '그분'이 와야 성과가 난다는 의미 같았다. 성과는 정말 우연한 운에 의존할까?

얼핏 보면 성과는 운처럼 보인다. '운칠기삼'이라는 말도 있지 않은가. 과연 성과가 운인지 참고할 만한 연구 결과가 있다. 기업의 수익률을 결정하는 요인을 분석한 논문에 따르면 기업의 수익률은 산업요인, 기업요인, 그룹요인, 경기변동효과의 영향을 받는다고 한다. 논문에 따르면 대한민국 상장기업의 영업이익률은 산업, 기업, 그룹, 당해 경기변동으로 설명할 수 있는 요인에 의해 45퍼센트가 결정되고, 나머지 55퍼센트는 설명할 수 없는 다른 요인, 즉 운에 가까운 요인이라고 한다. 결국 성과는 운칠기삼보다 운이 55퍼센트, 노력이 45퍼센트 좌우한다는 것이다. 노력한다면 성과가 45퍼센트는 보장이 되지만, 그렇지 않을 확률이 55퍼센트다. 특히 성과를 설명하고 준비하는 45퍼센트의 체계적 방법이 없으면 55퍼센트의 운이 와도 성과로 이어지지 못한다. 즉, 외부의 운 55퍼센트가 찾아와도 내부의 실력 45퍼센트가 없으면 결코 성과를 내기 어렵다.

성과를 내려면 디테일한 준비가 필요하다. 팀장으로서 준비를 하기 위해서는 일할 그릇을 만들어야 한다. 즉, 스스로 일하는 방법을 다양하게 만들고, 성과의 기회를 알아볼 수 있는 능력을 확보해야 한다. 팀의 성과에 영향을 미치는 요인을 팀원들과 함께 파악하고, 이를 팀의 목표로 설정하고, 이를 달성하기 위한 전제조건을 팀원들에게 배분하는 방법을 마련해야 한다. 아울러 팀원들이 성과를 내도록 전략을 코칭 하고, 팀원들이 실행력을 높이도록 끊임없이 자극의 계기를 만들어야 한다. 업무 프레임은 팀장으로서 업무를 다루는 일의 그릇이다.

목적 중심으로 함께, 제대로 일하는 팀장은 스스로 자신의 일하는 방법, 즉 그릇을 키우고 넓혀야 한다. 성과라는 귀인이 와도 앉을 자리가 없고, 대접할 음식이 없다면 결코 귀인은 우리 곁에 오래 머무르지 않을 것이다. 그러므로 팀장은 자신의 성과를 알아보는 혜안과 대접할 수 있는 지식과 일하는 실력을 갈고 닦아야 한다.

다양한 업무 프레임이 성과의 질을 바꾼다

진짜 성과를 내기 위해 팀장이 미리 준비해야 하는 업무 프레임에는 어떤 것이 있을까? 업무 프레임은 팀장이 업무를 바라보고 다루는 틀이다. 이는 곧 과제를 바라보는 관점, 일을 관조하는 사고방식, 일에 대한 체계적 사고방식을 의미한다.

업무 프레임은 하드웨어적 업무 프레임과 소프트웨어적 업무 프레임으로 구분된다. 먼저 하드웨어적 업무 프레임은 논리적이면서 합리적으로 일하고, 목적을 목표로 전환하며 성과로 바꾸는 메커니즘이다. 하드웨어적 업무 프레임은 일의 목적, 보이는 목표, 목표를 성과로 바꿔줄 전략, 업무 관련자들의 역할, 일정 계획 등으로 구성된다. 그리고 소프트웨어적 업무 프레임은 같이 일하는 팀원들을 자신의 업무 파트너로 육성하고 협업하는 스킬로 업무 감성, 동기 관리, 업무 소통, 팀원 육성 등을 포함한다.

다양한 업무 프레임

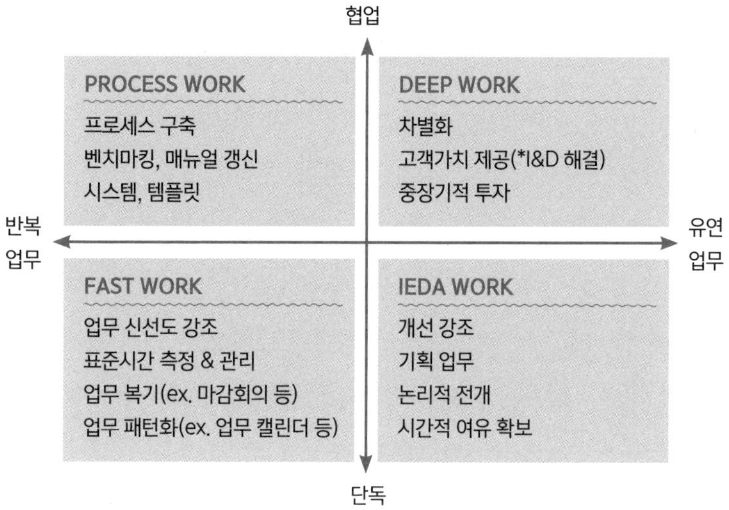

*I&D는 고객의 Inconvenience(불편) & Dissatisfaction(불만)의 줄임말

업무 프레임은 협업 여부와 업무 형태에 따라 다음의 도표와 같이 구분할 수 있다.

딥 워크(Deep work)는 유연하고 창의적인 성격의 업무로, 창의적이고 차별화된 업무 수행을 강조한다. 특히 고객의 불편사항 & 불만사항(Inconvenience & Dissatisfaction)을 해결하는 것에 초점을 두고 시간적 여유를 두어 해결한다.

프로세스 워크(Process work)는 프로세스가 명확히 나누거나 구축하는 업무 프레임으로 단계별로 업무 관련자들의 역할과 내용을 매뉴얼로 만들 수 있다. 아울러 지속적인 벤치마킹 등으로 시스템화하고 템플릿 등을 갱신하는 것에 주력한다.

아이디어 워크(Idea work)는 창의적이고 유연성이 높은 기획 업무로, 개선을 목적으로 관점을 다양화하는 것에 초점을 둔다. 논리적인 일처리 등을 강조하고 개인적인 아이디어 시간 등을 확보하여 보다 다양한 의견을 듣는 것을 강조한다.

패스트 워크(Fast work)는 업무 중 프로세스가 명확하고 팀플레이가 아닌 혼자서 처리하는 업무다. 업무의 신선도를 강조하여 표준시간을 설정해 운영하고, 평가 및 피드백 등의 업무 성과 복기 등으로 점진적인 개선을 강조하고, 업무의 패턴을 갱신하여 실수를 방지하고 업무의 신속한 처리를 강조한다.

팀의 일에는 위의 네 가지 업무 프레임이 골고루 있다. 업무 프레임은 업무 관계자 간의 역할과 일에 관련된 정보가 얽혀 이루어지며, 회사마다 다르다.

제대로, 함께 일하는 팀장은 업무 프레임을 다양하게 활용한다. 목적을 목표로 바꾸고 성과를 내는 팀장은 일에 관한 틀을 다른 사람보다 많이 파악하고, 앞서서 짠다. 즉, 새로운 프레임을 구축한다. 무엇보다 자신만의 업무 프레임을 갖고 있어서 성과를 예측하고, 어느 부분을 공략해야 할지 알고 있기 때문에 성과를 잘 낸다.

업무 프레임이 있으면 힘을 쏟아야 할 일과 그렇지 않은 일을 나누어 효율성 있게 일하며 성과의 질을 높일 수 있다. 예를 들어 컨설팅에도 틀이 있다. 컨설턴트가 기업을 진단할 수 있는 것은 해당 기업에 대한 새로운 사실이나 지식이 있어서가 아니다. 그 부분은 당연히 현업의 팀장들이 더 많이 안다. 컨설팅에 필요한 정보는 현장의 팀장들이 제공하고, 컨설턴트는 컨설팅 모델과 분석 기법으로 진단하고 처방한다. 컨설턴트가 아니어도 훌륭한 일의 모델과 분석 방법을 갖춘다면 이제껏 놓쳤던 일의 본질을 잡고 목표를 성과로 바꿀 수 있다.

그렇다면 팀장은 성과를 내기 위한 업무 프레임을 어떻게 만들면 될까? 팀장이 자신의 업무 프레임을 만드는 방법으로는 두 가지가 있다.

첫째, 자신의 성과를 복기한다. 바둑에도 정석이 있고, 응용이 있듯이 일에도 기본과 응용이 있다. 기본이자 정석은 일할 때 가장 안정적이라고 인정받는 일의 수순이다.《수학의 정석》처럼 일할 때에도 일정한 공식과 패턴이 있다. 일할 땐 일의 공식과 패턴을 파악해야 한다. 이는 곧 자기 일에 대한 자율학습이다. 일의 기본기를 익히면 자신만의 자유로운 방식을 만들 수 있다.

자신의 성과를 복기하기 위해서는 일을 시작할 때 최초의 목적, 그리고 그 일의 목적을 어떻게 목표로 설정할지 기록해야 한다. 아울러 실제로 일을 성공적으로 달성하면 최초의 목적, 예상했던 목표, 실제 달성한 성과를 비교하여 간극을 파악하고, 이를 개인적 이슈와 상황적 이슈로 구별해 정리해야 한다. 이를 향후 동일하거나 유사한 일을 할 때 업무환경의 요인과 개인적 요인으로 구분하여 대응하고 관리할 방법을 세워보는 것이다. 어떤 일에 실패할수록 눈을 더욱 부릅뜨고 복기하라.

바둑에는, "승리한 대국의 복기는 이기는 습관을 만들어주고, 패배한 대국의 복기는 이기는 준비를 만든다"는 말이 있다. 일이 끝났는데 목적을 이루지 못했다면, 목표를 미달했다면, 성과를 달성하지 못했다면 예민하고 섬세하게 복기해야 한다. 어쩌면 뜻하지 않은 요인이 끼어들고, 자신의 작은 실수가 있을 수 있다. 뜻하지 않은 요인은 환경을 지나치게 낙천적으로 바라본 것이고, 작은 실수는 일처리의 미숙함을 뜻한다. 일을 다루는 실력으로 성과 달성의 가능성을 가늠할 수 있다. 변명하고 핑계만 대면 성장의 기회를 놓친다. 하지만 이번에 인정하면 다음에는 기회를 놓치지 않는다. 지금 고치면 된다.(성과 복기의 구체적인 방법은 2부에서 좀 더 자세히 살펴보자.)

어느 경력사원은 입사 9년 반에 CEO 자리에 올랐다. 그는 20년째 매일 스케줄을 메모하고 하루를 복기한다. 그의 비결은 성과 복기다. 그는 인터뷰에서 "특별한 비결은 없다. 굳이 말하자면 부지런히 살았다. 생각도 부지런하게 했다"고 말했다. "나는 일의 프로세스에 대해 미루어 짐작하고 업무에 대해 큰 그림을 그리는 것을 좋아한다. 이런 부분은 많은 사람을 만나면서 배웠다. 이것도 비결인지는 모르겠다"고 덧붙였다. 그는 일을 할 때 중요한 포인트는 동료나 팀원과의 '생각 일치도'라고 했다. 그는 1년 된 신입사원과 생각 일치도가 어느 정도 되느냐고 묻자 고민 끝에 60점이라는 짠 점수를 줬다.

생각 일치도는 예상한 결과와 실제 결과의 차이, 업무와 관련된 사람들의 판단과 자신의 판단 차이를 나타낸다. 업무 프레임은 업무를 수행하며 축적된 업무 경험의 산물이다. 오랜 시간 일의 목적을 목표로 전환하고, 목표를 성과로 변환시키며 쌓은 성과의 노하우다.

둘째, 업무 히스토리를 공부한다. 자신의 업무가 어떻게 변해서 여기까지 왔을까? 영국의 역사학자 에드워드 카는 《역사란 무엇인가》라는 책에서 역사란 현재와 과거의 끊임없는 대화라고 했다. 즉, 역사는 역사를 이야기하는 사람의 관점을 반영하고, 지금의 사회를 어떻게 보느냐에 대한 대답을 나타낸다. 역사는 사실 그대로가 아닌 의도에 따라 새롭게 판단하는 결과물인 것이다. 생선가게 좌판 위에 놓인 생선이 아닌 넓은 바다 속을 헤엄치는 물고기와 같다. 역사가의 생각에는 의도가 분명히 작용한다. 역사는 일종의 해석이다.

일에서도 마찬가지다. 일에도 지시하는 팀장의 의도나 해야만 하는 배경 등이 존재한다. 따라서 현재 자신의 일이 어떤 의도에서 시작되었고, 어떤 식으로 마무리되었는지 일의 지난 역사를 되돌아보면 반복해서 나타나는 목적과 의도 등을 간파할 수 있다.

중견기업에 인사팀 과장으로 입사한 경력사원이 있었다. 다른 회사에서 이직한 그는 인사팀에서 조직 관리 업무를 맡았는데, 그가 처음 한 일은 자신이 담당할 조직 개편의 과거 서류를 스스로 찾아 보기 쉽게 정리하는 것이었다. 그는 최근 10년간의 조직 개편을 배경과 목적, 취지에 따라 정리하며 조직 개편의 의도와 변화의 방향 등을 알 수 있었다. 또 추후 새로운 조직 개편을 위한 회의에서 자신의 의견을 뒷받침할 다양한 조직 개편 사실과 구체적 근거 등을 제시할 수 있었다.

가능하다면 실제 그 업무를 담당했던 전임자를 만나 인터뷰를 해보는 것도 업무 프레임을 만드는 데 도움이 된다. 지면을 통해 과거의 사실과 시사점을 확인하는 것도 중요하지만, 업무 관련자들의 의견과 이면을 듣다 보면 업무 히스토리의 비하인드도 파악할 수 있다. 일의 스포트라이트인 결정사항보다 그 과정을 알면 더 많은 역사를 해석할 수 있다. 일의 맥락을 정확히 파악하면 일의 목적과 주요 과제, 그리고 실행 계획을 체계적으로 정리하여 업무 프레임을 만들 수 있다.

고객은 가성비를 넘어 가심비를 원한다. 가성비가 가격 대비 성능이라면, 가심비는 가격 대비 심리적 만족도를 의미한다. 즉, 고객은 단순한 제품보다 플러스알파를 원한다. 플러스알파는 제품이나 서비스 등에 부가되는 고객가치다.

예를 들어 자동차 구매 고객은 자동차라는 제품에 '가성비와 안전'이라는 플러스알파를 원하고, 외식을 하는 고객은 음식이라는 상품과 서비스에 '가족과의 추억과 타인과의 소통'이라는 플러스알파를 원한다. 또 책을 구매하는 독자는 '즐거운 시간과 유용한 지식'이라는 플러스알파를 원한다. 이런 차별화된 고객가치는 지각하기 힘든 미세한 차이, '앵프라맹스'에 의해 만들어진다. 앵프라맹스는 프랑스의 전위 작가 마르셀 뒤샹이 만든 말이다. 전체적인 인상에 영향을 주며 도드라지지 않고, 있는 듯 없는 듯 존재하는 미세한 차이, 아주 미세한 차이가 쌓이고 쌓여 상품에 영향을 미치는 현상을 일컫는다. 앵프라맹스를 만들기 위해서는 당연히 꽤 많은 노력과 집중이 필요하다.

고객의 가심비를 만족시키려면 일에서 앵프라맹스를 만들어내야 한다. 앵프라맹스의 대표적인 예는 애플의 앱, 사각형 아이콘의 둥근 모서리다. 과연 네모난 모서리가 아닌 둥근 모서리를 만들 필요가 있을까 싶기도 하다. 즉, 과하다 싶은 디테일이다. 다른 예를 보자. 초기 아이팟의 경우 가운데 휠을 돌려 파일을 선택할 때 '딸깍' 하는 소리가 났다. 화면과 동시에 소리가 나도록 하여 고객의 편의를 더욱 높이도록 했다. 이것도 앵프라맹스의 사례다. 앵프라맹스가 쌓이고 쌓여서 전체적인 상품과 서비스의 차별화를 만든다. 앵프라맹스는 '과함'과 '미세함'의 경계에 있다. 앵프라맹스를 만들기 위해 팀장도 단순히 일을 아는 정도가 아닌 일을 세밀하고 섬세하게 다룰 수 있어야 한다.

1976년에 창간하여 1980년에 폐간된 〈뿌리 깊은 나무〉는 참으로 이상한 잡지책이었다. 그 시절 대부분의 잡지는 일본책이나 오래된 한문책처럼 세로쓰기로 배열되어 있었고, 최대한 두껍게 만들어졌다. 게다가 부록을 따로 챙겨주었으며, 잡지의 이름은 네 글자 이하의 한자로 짓곤 했다. 그러나 〈뿌리 깊은 나무〉는 제목부터 여섯 글자의 한글로만 되었다. 종합월간지 중 한국 최초로 순 한글 가로쓰기로 되었고, 전문 미술인이 편집에 참여했다. 게다가 부록도 끼워주지 않았다. 그리고 두툼하기보다는 가볍게 만들어져 누구라도 쉽게 읽을 수 있도록 했다. 특히 당시에는 많은 작가와 기자들이 글에 한문을 즐겨 사용하여 독자들이 제대로 이해하지 못했는데, 〈뿌리 깊은 나무〉는 글을 쉽게 읽고 생각할 수 있도록 편집자들이 글에 손을 대었다. 마치 망하기로 작정한 것처럼 보였다. 하지만 결과적으로 그 당시 가장 많이 팔리던 잡지보다 두 배 이상 잘 팔린 전설의 잡지가 되었다.

망할지라도 자기 방식을 고집했던 발행인, 앵보 한창기 선생은 자신만의 일하는 방식을 만들고 그것을 사람들과 함께 공유했다. 어느 날 인쇄를 다 마친 원고를 한창기 선생이 읽어보고 글자가 비뚤어졌다고 지적했다. 모두가 괜찮다고 말했지만, 자를 가져와 글자의 크기를 재어보니 실제로 글자는 비뚤어져 있었다. 그 오차가 1밀리미터의 10분의 1 정도였다. 직원들은 그의 눈썰미에 놀라기도 했지만, 다시 인쇄기를 돌리라는 사장의 지시에 더욱 놀랐다. 다시 인쇄를 하면 비용도 많이 들거니와 발행 날짜도 맞출 수가 없었기 때문이다. 겨우 1밀리미터도 안 되는 오차 때문에 인쇄를 다시 하는 것은 엄청난 손해였다. 직원들이 아무도 알아보지 못하니 그냥 넘어가자고 하자 그는 "누가 알아보지 못하다니, 내가 알아보지 않았냐! 군말 말고 다시 인쇄해. 비뚤어진 글자를 독자들에게 읽힐 수는 없어!"라고 말했고 당연히 다시 인쇄를 했다. 앵보 한창기 선생이 보여준 디테일한 업무 프레임이다. 이런 식의 앵프라맹스가 쌓이고 쌓여서 자신만의 일하는 방법을 만들어낸다.

'군자불기'라고 했다. 여기서 군자는 리더를 가리키고, 그릇은 제사에 쓰이는 제기를 가리킨다. 리더의 역할은 제사에만 국한되어 사용되는 제기처럼 그 쓰임이 어느 한 군데에만 국한되지 말아야 한다. 다양한 상황에 적용하고 위기를 넘어설 수 있도록 리더는 생각하는 그릇을 크게 키우고, 소통하는 방법을 다양하게 하며, 행동에서 솔선수범해야 한다. 그러기 위해서는 자신이 일하는 틀을 먼저 정리하여 어떤 방법으로 일할 때 생각하고 소통하고 행동하는지를 알아야 한다.

자신의 그릇을 키우기 위한 첫 걸음은 자신의 업무 프레임을 정리하여 명확히 아는 것이다. 그 후에 자신이 갖고 있던 업무의 틀을 유연하게 바꾸고, 식견을 넓혀야 한다. 결코 본인의 업무 방식을 조자룡 헌 칼 쓰듯 팀원들에게 똑같이 쓰게 해서는 안 된다. 자신의 방식을 진리처럼 휘두르면 팀원들은 팀장의 무지함에 질린다. 팀장이 실무를 하던 시절의 방식을 팀원들에게는 참고서 정도로 이야기하자. 그리고 다양한 팀원들이 사용할 수 있도록 다양한 업무 프레임을 만들자. 성과의 질은 팀장의 실력을 넘어설 수 없다.

여러 회사의 일하는 모습을 들여다보면 예전에는 쓰지 않던 방법이 이제는 의미 있는 방법이 되기도 하고, 반대로 예전에는 좋았던 방법이 이제는 무가치한 행동이 되기도 한다. 우리가 회사에서 일하는 모습은 늘 비슷비슷해 보일 수 있다. 그러나 어떤 행동에 의미가 부여되고 다수가 그 행동을 반복할 때 비로소 회사의 일하는 방법, 문화가 바뀐다.

만조 때 바다에 나가보면 밀물이 밀어닥치는 것만 보인다. 또 간조 때 나가면 썰물이 빠져나가는 것만 보인다. 밀물과 썰물은 반복되는 바다의 모습이다. 하지만 그 밀물과 썰물이 결국 지형을 바꾸고, 사람들의 길을 만든다. 하루를 사는 우리는 늘 비슷비슷한 행동을 하는 것 같아 보이지만, 장기적으로 보면 결국 변화는 일어난다. 리더는 이런 관점에서 하루를 살피고 팀원들의 행동을 유도해야 한다. 팀장은 지금, 여기에 맞는 새로운 업무 방법을 찾고, 이를 꾸준히 반복해야 한다. 그게 자기 일의 주인이 되는 길이다.

3

깊게 마음을 써라, 어른처럼

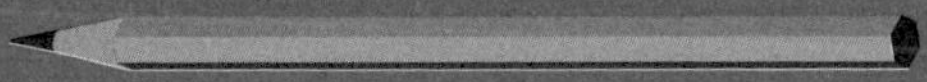

팀원과 협업하는 방법은 무엇인가?

영화 〈4등〉은 초등학교 수영선수 준호의 이야기다. 재능을 가졌지만, 전국대회에만 나가면 4등을 하는 준호에게는 1등에 대한 집착을 버리지 못하는 엄마가 있다. 엄마는 준호를 1등으로 만들기 위해 수영코치인 광수를 만난다. 광수는 지금 변두리 체육센터의 수영코치이지만, 16년 전에는 아시아 신기록까지 달성한 국가대표 출신이다. 선수 시절 광수는 놀라운 수영 실력을 가졌지만, 이를 믿고 훈련을 게을리했다. 거기다 선수 신분으로 음주와 도박 등을 하여 결국 국가대표 자격을 박탈당하고 쫓겨났다. 그는 만약 훈련을 게을리하는 자신을 때려서라도 잡아주는 코치가 있었다면 자신이 이런 조그마한 수영센터의 코치가 아닌 다른 모습이었을 것이라는 회한을 갖고 있다. 준호의 엄마는 첫 만남에서 심드렁한 표정에 4등인 아이의 성적을 비웃는 듯한 광수에 대해 의심 반, 기대 반의 마음을 품는다.

드디어 수영대회에 출전한 준호는 1등과 0.02초 차이로 생애 첫 은메달을 목에 건다. 오랜만에 웃음이 퍼지는 준호네. 하지만 가족 식사 중에 동생은 "형, 정말 맞고 하니까 잘한 거야? 예전에는 안 맞아서 맨날 4등 했던 거야?"라고 묻고, 이 말을 들은 아버지는 뭔가 이상하다고 여긴다. 아버지는 준호를 방으로 불러 아이의 몸을 살펴본다. 예상대로 준호의 몸은 멍투성이다. 아이의 부진한 성적에 애를 태우던 엄마는 용하다는 코치에게 아이를 맡겼고, 갑자기 아이의 실력이 일취월장했다 싶었더니 그 비결이 '체벌'이었던 것이다. "난 솔직히 준호 맞는 것보다 4등 하는 게 더 무서워!"라며 4등이라는 성적을 마치 인생의 낙오로 받아들이는 아내와 체벌은 싫지만 수영은 하고 싶다는 아들 준호 사이에서 아버지는 어떻게 해야 할까? 스포츠신문 기자인 아버지는 코치인 광수의 과거와 아이의 기대를 모두 알고 있다. 당신이 아버지라면 어떻게 할까?

많은 팀장들이 "즐기면서 수영을 시키겠다"고 말한다. "맞는 것은 절대 안 된다"고 말한다. 다시 팀장들에게 "그렇다면 이제부터 코치의 입장에서 말해봅시다. 당신이 코치라면 앞으로도 계속 때릴까요, 아니면 때리지 않을까요? 부모가 때리지 말고 다른 방법으로 코칭 해달라고 부탁하면 때릴까요, 때리지 않을까요?"라고 물으면 상당수의 팀장은 아마도 코치가 계속 때릴 것이라고 답한다. 코치가 체벌을 통해 아이를 지도해서 1등의 꿈을 이루었고, 이미 체벌에 길들여졌기 때문이라는 것이다. 다시 말해 코치인 광수 자신이 성과를 내는 방법도 체벌이었고, 아이를 지도하는 방법도 체벌이었기 때문에 앞으로도 체벌은 계속될 것이라고 팀장들은 예상했다.

한 걸음 더 들어가보자. 만약 자신의 팀원들이 즐기면서 일하겠다고 하면 그런 팀원들과 함께, 제대로 일하는 방법을 알고 있나? 당신은 어떻게 할 것인가? 만약 팀원이 "팀장님, 팀장님께서 일을 잘 하시고 우수한 성과를 내시는 건 알고 있어요. 하지만 이 방법은 팀장님이시니까 가능한데요, 저는 좀 다른 것 같아요. 저는 팀장님이 아니잖아요? 그러니 다른 방법을 저에게 알려주시면 안 되나요? 저는 좀 더 즐기면서 일하고 싶은데, 다른 방법은 없나요?"라고 되묻는다면 팀장은 어떻게 해야 할까? 팀장들은 자신이 배워온 방법 이외에 다른 방법으로 팀원들을 코칭 하고 일을 시키는 방법을 알고 있을까? 대부분의 팀장들은 이 질문에 침묵한다.

함께 일한다는 것은 참으로 어렵다. 세상에서 두 번째로 어려운 일이 남의 주머니에서 돈을 꺼내오는 일이고, 첫 번째로 어려운 일이 남의 머리에 자신의 생각을 넣는 것이다. 팀장의 뜻을 알아주고, 알아서 일하는 팀원을 만난다면 행운이다.

자신의 뜻을 설명하고 납득시키기 어려운 탓일까? 현장에서 만난 팀장들은 대부분 팀원들에게 시키기보다 혼자서 일을 처리한다. 팀원들에게 일을 설명하고 코칭 하기보다는 팀장이 알아서 일한다. 혼자서 처리하면 시간과 에너지를 절약할 수 있기 때문이다. 혹은 시간적 여유가 있는 일만 시키거나 무턱대고 일을 전달하여 팀원이 혼자서 고민하게 만들기도 한다. 어느 팀장은 팀원들에게 아쉬운 소리하며 일하느니 점심시간에 하거나 주말에 근무하는 것이 차라리 속 편하다고 했다. 이는 회사 내의 어른으로서 결코 올바른 모습이 아니다. 팀장이 팀원들과 신바람 나게 일하며 목적을 목표로 제대로 바꾸고, 팀원들과 함께 성과를 창출하려면 어떤 리더십을 가져야 할까?

팀장은
회사에서 어른이다

팀장은 회사에서 어른 역할을 맡는다. 숙명여대 조벽 교수는 《인성이 실력이다》라는 책에서 이 시대의 인재는 '집단 지성을 넘어 집단 지혜를 발휘할 수 있는 사람'이라고 했다. 지혜를 뜻하는 'wisdom'에서 'i'를 빼고 'we'를 넣어야 한다. '나'를 빼고 '우리'를 넣어야 한다. 인재는 혼자 잘 먹고 잘 살기 위해서가 아니라 함께 지식을 활용하여 지혜를 만들고 모두를 위해 활용해야 한다. 자신보다 모두를 이롭게 하는 지혜가 필요하다. 이처럼 집단 지혜를 발휘하는 사람이야말로 어른십을 가진 사람이다. 어른십은 하고 싶은 일과 해야 하는 일을 조율해나가기 위해 필요한 성숙한 사고방식이며, 책임 있는 행동습관이다.

그렇다면 회사에서 어른십을 발휘해야 할 사람은 누구일까? 어른십을 가진 팀장의 모습은 어떠할까?

연간 4천 800만 개의 분필과 크레파스를 생산하는 일본이화학공업은 일본 시장에서 31퍼센트의 시장점유율을 차지한다. 일본이화학공업의 직원은 70퍼센트가 지적장애인이다. 다큐멘터리 〈일해줘서 고마워〉에서 오야마 야스히로 회장은 회사가 놀라운 성과를 낸 것에는 직원들의 힘이 크다고 했다. 이 회사는 어떻게 숫자와 문자를 잘 이해하지 못하는 지적장애인들의 도움으로 시장 1위를 차지했을까? 어떻게 그들과 함께 일할까?

오야마 야스히로 회장이 처음부터 지적장애인과 일했던 것은 아니다. 그는 동정심에서 소수 인원을 고용했는데, 점차 인원수가 늘면서 일을 못하는 직원이 나왔다. 지적장애인은 숫자에 약해서 무게를 재거나 측정하는 일을 맡기면 실수가 반복되었다. 그러던 어느 날 지적장애인이 신호등을 지킨다는 것을 알고 무게를 재는 재료통의 색과 추의 색을 같게 만들어 같은 색의 통과 추의 원리를 이용해 빨간색 통과 빨간색 추를 저울에 올려서 필요한 무게를 재는 방법을 고민했다. 이 같은 사소한 아이디어가 획기적인 변화를 끌어냈다. 일에 전혀 집중하지 못하던 직원들이 일에 집중해 성과를 만들어낸 것이다. 이처럼 상대의 이해력을 이해하고 업무를 잘할 수 있는 방법을 생각해내는 것이 리더의 역할이다. 상대의 능력이 높거나 낮다고 판단하는 것은 자신의 경험과 관점에만 의존하는 편협한 사고다. 자신의 관점이나 경험에만 의존하지 않고, 상대의 특징 또는 강점에 의존해 함께 일하는 방법을 찾아야 한다. 이것이 회사에서 어른이 해야 할 일이다. 쓸모없는 팀원은 없다. 단지 쓸 곳을 모르는 팀장만 있을 뿐이다.

팀장은 슈퍼맨이 아니다. 다양한 실력과 능력과 재능이 있는 팀원들과 함께 시너지를 내는 집단 지혜가 필요하다. 협업이 필요하고, 합심이 중요하다. 예전부터 합심을 하는 경우도 있었다. 그러나 그 방법이 노래방, 술집에 가서 회식하고 폭탄주를 돌리는 집단 실성이었다. 회식, 식사, 문화행사보다 일의 본질을 묻는 노하이(Know-Why)와 이슈 해결의 노하우(Know-How)를 모으는 집단 지혜의 협업이 필요하다.

제대로, 함께 일하는 팀장은 3심이 있다

제대로, 함께 일하는 팀장은 관심, 중심, 경각심을 가져야 한다.

우선 팀장은 팀원에 대해 관심을 가져야 한다. 팀장은 의사와 같다. 의사는 일면식도 없던 사람들을 돕는다. 일면식도 없는 사람을 냉정하게 대하기보다 보듬어주고 한 번 더 살펴본다. 환자를 안타깝게 여기고 도우려는 마음으로 환자의 행동과 먹는 음식, 체질, 말투와 증상을 관찰한 근거를 가지고 치료 방법을 고민한다. 의사는 이처럼 환자가 건강해지도록 정성껏 관찰하고 겉으로 드러난 증상을 살핀다. 아울러 체질에 맞는 처방을 알려준다. 팀장에게도 의사 같은 관심이 필요하다. 팀원들을 하나하나 관찰하여 팀원들의 특징이나 강점에 맞는 업무 방법을 제시해야 한다. 팀장은 업무와 관련된 팀원들의 성향과 업무 형태를 근거로 성과를 내는 패턴을 살피고, 목표를 설계하고, 전략을 코칭 해야 한다.

다음으로 팀장은 목적 중심으로 팀원을 대해야 한다. 팀장은 오케스트라의 지휘자와 같다. 지휘자는 여러 가지 악기의 길고 짧은 음과 셈여림을 연결해서 한 곡을 만들어 감정을 음악으로 전달한다. 연주로 음악과 감정을 표현한다. 목적 중심으로 일하는 팀장이 되기 위해서는 자신의 의지를 구체적인 업무 방법으로 발현시켜야 한다. 목적을 목표로 바꾸고, 팀원들의 참여를 이끌고자 할 때 일에 대한 메시지를 분명히 전달해야 한다. 지휘자는 작곡가의 의도를 해석하고 음악이라는 하나의 성과를 만들기 위해 호흡을 이끌고 단원을 성장시킨다. 또 하모니를 만든다. 하모니는 높이가 다른 두 개 이상의 음이 동시에 어울리는 상태다. 지휘자는 멜로디와 리듬을 섞어 음악이라는 전체를 풍부하게 만든다. 하모니로 인해 음악의 더 폭은 넓어지고, 맛도 깊어진다. 팀장도 팀원들의 목표가 팀의 목표에 부합하도록 목표를 배분하고, 팀원들이 시행착오를 반복하더라도 결국 실력을 갖추도록 지속적으로 성과를 복기시키고, 피드백을 주는 팀의 오케스트라 지휘자다.

끝으로 팀장은 환경에 대한 경각심을 가져야 한다. 팀장은 야구 감독과 같다. 야구 감독은 자신이 훈련시킨 선수들이 현장에서 승리에 영향을 미치는 다양한 요인에 경각심을 갖는다. 넥센 히어로즈 염경엽 전 감독은 매 이닝이 끝날 때마다 작전과 생각을 수첩에 적었다. 그리고 집으로 돌아와 투수, 타자, 리더십, 육성 등으로 분류해 다시 정리했다. 그것을 직접 연구하고 소화해서 선수들을 가르치고 게임의 전략을 세우는 일을 19년 동안 했다. 스포츠는 기계가 아니라 선수가 한다. 그리고 감독은 경기에 영향을 미치는 다양한 요인을 지속적으로 기록하고 승리를 위한 전략을 세운다. 아울러 교육 시스템을 잘 갖추고 선수 개개인을 위한 구체적인 목표와 계획을 세워 몸값을 높이고, 이들이 샛길로 빠지지 않고 고속도로를 반듯하게 달릴 수 있도록 인도한다. 팀의 감독인 팀장도 그러하다. 팀장은 팀원들에게 실행을 위임하면서도 현장을 실시간으로 모니터링하고, 고객 접점에서 목적 중심의 자기완결형 경영자로 성장하도록 유도해야 한다.

팀장은 시대에 따라 다르게 일할 줄 알아야 한다. 농경사회에서는 근면, 성실하게 일하고 기억력이 좋으면 일을 잘하는 것이었다. 근면, 성실은 생산력의 원천이었고, 절기마다 해야 할 농사일은 기억에 의존했다. 그래서 절기를 따지고, 절기에 맞추어 노동력을 투입하면 성과가 났다. 한편 산업사회에서는 논리적인 사고와 기계적인 실행이 경쟁력의 원천이었다. 남보다 나은 기술을 가미하거나 더 낮은 가격으로 생산하면 성과가 났다. 더 나은 기술과 더 낮은 가격의 기반이 논리적 사고였고, 기계적 실행이었다.

잘 알려진 분업 방식은 '국부론'으로 알려진 애덤 스미스(Adam Smith)가 18세기에 제시한 방법이다. 일을 나누어 전문성을 높이고, 생산성을 향상시키자는 취지였다. 분업화는 엔지니어였던 프레데릭 테일러가 1911년《과학적 관리법》을 출간하면서 확대되었다. 테일러는 이 책에서 작업에 소요되는 시간과 작업자의 동작에 대한 연구를 통해 하루의 공정한 작업량을 측정하고, 이를 근거로 근로자를 관리했다. 단순한 감이나 오랜 경험의 주먹구구식이 아닌 시간과 동작이라는 데이터를 근거로 한 과학적 관리를 이용해 생산성을 향상시키는 체계를 제안했다. 나중에 포드가 자동차 조립 생산에 이를 적용하며 분업은 더욱 확산되었다. 이후 자기 일에 대한 소명의식과 기업 가치관을 강조하는 기업문화 시대, 전략을 강조하는 선택과 집중, 그리고 실행을 강조하는 시대를 지나왔다. 그렇다면 21세기에는 어떻게 일해야 할까?

21세기는 디지털 사회, 소프트화 사회, 지식 사회다. 요즘 경쟁력의 원천은 논리적인 사고와 기계적 실행보다 탐색과 실행의 조화로움이다. 잘 만든 영화의 수익이 자동차회사의 경상이익을 능가하고, '해리포터' 같은 콘텐츠 수익이 세계적 기업의 영업이익을 넘어선다. 이제 다양성과 탐색력, 그리고 창의력을 자신의 일에 어떻게 접목하느냐가 관건이다.

최근 부각되는 업무 방법의 키워드는 개방성, 유연성, 실험정신 등이다. 하버드대학교 클레이튼 크리스텐슨 교수는 혁신 기업의 임원 3천 명과 창업자들을 대상으로 일하는 습관을 조사했다. 그 결과 혁신적으로 일하는 사람들은 '질문', '관찰', '네트워킹', '실험', '연결' 등을 강조하는 것으로 나타났다. 이들은 팀장과 팀원이 현장에서 시장과 자신의 일을 실시간으로 학습하고, 새로운 방법을 현장에 적용하여 개선해나가는 것을 강조한다. 즉, 21세기 지식화, 디지털화, 소프트화 사회에서 팀장은 제대로 함께 일하는 자세가 필요하다.

하지만 요즘 우리는 같은 공간에서 일하지만, 같이 일하지는 않는다. 팀의 목적을 달성하는 협업이 부족하다. 철저한 분업, 각개전투다. 분할된 지역과 제품, 고객의 총합을 팀의 성과로 여기는 것은 18세기의 방법을 21세기에 활용하는 것이다. 지금도 여전히 분업이나 작업시간, 업무활동을 관리하는 것에 멈추어 있는 건 아닌지 돌아볼 일이다. 팀원에게 담당 지역 또는 담당 고객사, 담당 업무 등을 분할하고 일정에 따른 지시와 점검으로 팀원들 개개인을 상대해서는 안 된다.

꿀벌은 자기 몸무게의 30배나 꿀을 저장할 수 있는 벌집을 만든다. 최소의 재료로 최대의 공간을 확보하여 균형 있는 육각형 벌집을 쌓는다. 꿀벌은 집단의 목적을 이루기 위해 신뢰를 바탕으로 개별 역할을 수행한다. 또 꿀을 발견하면 혼자 먹지 않고 무리로 돌아간다. 동료들에게 꿀이 어디에 있고, 어느 방향에 있으며, 얼마나 있는지 공유하기 위해서다. 꿀벌은 신뢰를 바탕으로 일하며 오랜 동안 명맥을 이어가고 있다.

팀원들은 팀장과 동료들을 믿고 일하면 충분한 성과가 난다고 믿을 때 협업을 한다. 협업은 작은 약속으로 탄탄히 쌓아올린 신뢰를 바탕으로 한다. 팀의 신뢰와 협업에서 팀장은 구심점 역할을 한다. 일하는 과정도 팀장의 성과다. 제대로, 함께 일하는 리더십은 팀플레이를 구축하고 수행하는 과정에서 생긴다. 팀플레이의 구심점에 있는 팀장은 팀원의 잠재력을 이끌어내는 마음씀씀이가 필요하다. 4차 산업혁명, 급격한 업무 변화, 1년 앞을 내다보기 힘든 경영 환경 등 팀장이 넘어야 할 산이 예전과는 분명 다르다. 다른 방법으로 산을 넘어갈 방법을 궁리하자. 산을 넘어가는 길이 오직 하나는 아니다.

2부에서는 목적 중심으로 일하는 팀장이 일하는 도구 4+4가지에 대해 살펴볼 것이다. 한 축은 디테일한 업무 프레임을 위한 하드웨어적 4가지 방법이다. 다른 축은 팀원들에 대한 깊은 통찰을 바탕으로 한 소프트웨어적 4가지 방법이다. 하드웨어적 방법은 디테일한 업무 프레임으로 목적 공유, 목표 설계, 전략 코칭, 성과 복기로 이루어지고, 소프트웨어적 방법은 업무 배분, 업무 소통, 동기 관리, 팀원 육성으로 구성된다. 팀장이 일을 할 때 이 두 축은 따로 떼어 생각할 수 없다. 즉, 하나의 협력관계다.

10년간 성과 관련 컨설팅과 강의를 하면서 두 가지 의문이 들었다. 첫 번째 의문은 '왜 상당수의 회사들이 전년보다 더 어렵다고 이야기하고, 실제로 실망스러운 성과를 보여주는가?'이고, 두 번째 의문은 '왜 직원들은 자신의 일에 몰입하지 못하고, 회사에 있을 때 그렇게 불행해하며, 심지어 구성원들 간의 소통을 피하고 회사 이익에 반하는 행동을 하는가?'이다. 구성원들에게 동기부여를 하기 위해 회사에서는 많은 회식, 단체 행사, 생일 축하에다가 직무 수행에 필요한 직무 교육과 리더십 교육까지 한다. 컨설턴트 초기에는 그 이유가 '제도가 갖추어지지 못해서'라고 판단했다. 하지만 점차

'사람들의 성격과 취향의 차이에서 비롯되는 것이 아닌가?' 하는 의심이 들었다. 구성원들이 업무에 관심이 없으니 생산성이 낮아지고, 생산성이 낮아지면 직원들은 제도나 시스템 등으로 더 많은 압력을 받아 다시 일에 관심이 떨어진다고 생각했다. 제도적 개선에는 한계가 있고, 교육은 임시방편에 국한되었다. 도대체 무엇이 문제이고, 또 어떻게 해야 하는지 탐색해볼 필요가 있었다.

인터뷰와 다양한 연구 결과를 살펴보며 하나의 문제가 아니라고 생각했다. 시스템의 문제만도 아니고, 직원의 문제만도 아니다. 대부분의 회사들은 시스템 개선이나 직원들의 정신 교육 중 하나를 선택한다. 이런 선택은 철학 없는 시스템이 되든지, 아니면 시스템 없는 철학이 된다. 두 개의 선택 모두 내용이 빈약하다. 새로운 환경에서는 하드웨어적으로 일하는 방법과 소프트웨어적으로 팀원을 대하는 방법 간의 조화로움이 필요하다. 일에 대한 섬세한 디테일과 사람에 대한 통찰이 서로 어우러져야 한다. 디테일한 업무 프레임은 하드웨어적 요인인 일의 본질, 업무처리 단계, 이룬 성과를 살펴보는 프로세스와, 사람에 대한 통찰은 팀원에 대한 깊은 이해와 관심이다.

기둥이 있고, 대들보를 놓았다고 해서 모두 집은 아니다. 그 안에 사람이 있고, 서로의 온기가 느껴져야 한다. 어려움이 닥치면 서로 노력하고 위로할 수 있어야 진짜 팀이다. 환경에 잘 적응할 수 있도록 힘을 모아야 진짜 집, 진짜 팀이다.

2부

제대로, 함께 일하는 어른십 실천법 4+4가지

1

일의 WHY를 디코딩하라

팀원은 20개를 이해하고, 80개를 오해한다

요즘 JTBC 뉴스룸의 시청률이 꽤 높다. 본 방송을 놓치면 인터넷 동영상 서비스로 볼 정도로 관심이 뜨겁다. 뜨거운 관심의 이유는 다양하겠지만, 우선은 '한 걸음 더 들어가보는 것' 때문이 아닐까 싶다. 앵커는 뉴스 곳곳에서 "한 걸음 더 들어가보겠습니다"라는 주문을 건다. 그러면 뉴스라는 객관적 사실을 지나 사건의 배경과 진행상황, 앞으로의 전망과 전문가의 의견 등이 줄줄이 이어진다.

다음은 현장과의 대화다. 앵커는 준비된 원고를 읽고 "현장에 나가 있는 기자를 부르겠습니다"라는 멘트를 날린다. 순간 기자가 느낀 현장의 분위기와 관찰한 내용에 대해 앵커는 기자와 대화를 한다. 끝으로 "제가 궁금해서 그러는데요"라는 말이 관심을 높인다. 즉, 청취자의 입장에서 질문하고 풀이한다. 앵커는 "제가 궁금해서 그러는데요" 또는 "○○라는 말은 무슨 뜻인가요?", "물론 ○○는 좀 더 지켜봐야겠지만, 어떨까요?" 등으로 듣는 사람의 수준에서 용어와 상황에 대한 해석 등을 녹여낸다. 기본적인 의미를 되묻고, 맥락을 짚는 내용을 공유한다. 사건에 대한 깊은 이해, 현장과의 상호작용, 청취자 중심의 의견 공유 등이 많은 관심과 호응을 끌어낸다. 팀장과 팀원들도 일에 대한 깊은 이해, 현장과의 상호작용, 상대 중심의 의견 공유 등으로 일을 주고받으면 얼마나 좋을까?

실제로 팀장과 팀원이 일을 주고받는 모습은 그와는 반대다. 임원에게 받은 업무 지시를 팀장은 팀원에게 전달한다. 업무 전달도 아닌 지시 패스다. 축구공 패스하듯 전달하니 팀원은 무슨 의미인지, 이 일을 왜 해야 하는지 모른다. 하지만 팀원은 겸손하게 "알았습니다"라는 말로 응대한다. 안 그러면 찍히니까. 물론 회의에서 대화가 없다. 지시 패스와 집중 점검만 있다. 팀장과 팀원은 현장의 반응과 실무자의 생각을 주고받지 않는다.

대화나 질문이 없는 회의가 이어지면 팀원들은 일의 목적을 애초와 다르게, 또는 그릇되게 받아들인다. 메릴랜드대학교 캐서린 바톨 교수는 경영진이 일에 대한 의도와 생각을 팀장에게 전달하고, 다시 팀장에서 팀원들에게 전달하는 과정에서 실제로 팀원들은 경영진 메시지의 20퍼센트를 이해하고, 80퍼센트를 오해하게 된다고 주장한다. 왜곡현상이 일어나 본래와 다른 목적으로 이해하거나 그 배경을 잘못 파악한다는 것이다.

일은 시작될 때 애초의 의미와 목적이 있다. 하지만 왜곡이 발생되면 일은 방향을 잃고 산으로 간다. 말이 여러 입을 거치면서 의미가 달라지고, 다른 정보와 섞이면서 애초의 뜻이 옅어진다. 이런 왜곡현상을 방지하려면 팀장은 일을 시작할 때 일에 관련된 정보를 분석하고, 왜 그 일이 시작되었는지 배경을 반복해서 되물어보며 해석해야 한다.

일을 주고받는 과정은 일의 정보를 교환하는 과정이다. 회의는 팀장과 팀원 간의 정보를 공유하고, 추진 방향을 공유하는 장터다. 회의에서 목적 달성을 위한 다양한 관점과 구체적인 현장의 의견이 섞여야 한다. 그리고 목적 달성을 위한 여러 사람들의 활동이 조정되고 통합되어야 한다. 이때 팀장과 팀원들은 서로 다른 관점과 의견을 밝히고, 이해시키려는 노력이 필수다.

그렇다면 팀장은 어떤 내용을 공유하고, 무엇을 읽어줘야 할까? 팀장은 '일의 WHY'를 읽어야 한다. 일의 WHY는 일의 목적, 요청한 사람의 의도, 해결할 문제, 일이 시작된 배경 등을 말한다. 팀장은 실행자인 팀원들이 제대로 알아듣고 올바로 실행할 수 있게끔 사전에 번역해야 한다. 목적 달성 여부를 확인할 수 있는 목표로 번역해야 한다.

정리하자면 팀장은 팀원들이 의도와 다르게 이해할 수 있다는 것을 전제로 일이 발생하게 된 배경을 안내하고, 업무 관계자들의 역할과 팀원이 해결할 문제와 요구사항을 번역하여 팀원들과 공유해야 한다. 팀장의 WHY 읽기가 일의 시작이다.

일의 WHY가 성과를 만든다

팀장이 일의 WHY로 접근하면 무엇을 얻을 수 있을까? 왜 팀장은 구체적인 방법보다 일의 WHY에 더 집중해야 할까? 다음의 세 가지 식을 비교해서 알아보자.

먼저 하나의 식을 만들자. 식에서 좌변은 목적, 목표이고, 우변은 전략, 방법을 나타낸다. 예를 들어 '( )=5×3'라는 문제를 풀어보자. 이 식의 답은 15다. 누가 풀든 답은 15다. 그렇다면 '15=( )×( )'의 식에서 괄호 안에 들어갈 답은 무엇일까? 5와 3일 수도 있고, 15와 1일 수도 있다. 어떤 수를 넣을지, 다양한 숫자의 조합이 가능하고 답이 다르다. 하나의 답이 아닌, 푸는 사람에 따라 답이 다르다.

'( )=5×3'의 식은 사칙연산의 곱셈에 따라 반복해서 곱하면 끝이다. 반면 '15=( )×( )'의 식에 팀원이 제시할 수 있는 아이디어와 답은 다양하다. '( )=5×3'과 같은 닫힌 질문의 답은 곱셈이라는 것을 반복하면 된다. 어느 팀원이 곱하든 답은 15다. 한편 '15=( )×( )'와 같은 열린 질문은 결과를 도출하기 위해 팀원들이 다양한 방법을 고민하고, 여러 가지 아이디어를 발견할 수 있다. 팀장이 방법보다 목표를 보여줘야 하는 이유다. 팀장이 기존의 일하는 방법을 알려주고 이를 반복하면 성과는 달라지지 않는다.

한 걸음 더 들어가보자. '( )=( )×( )'의 식에서 처음에 좌변인 목표부터 괄호로 표시하고, 목적의 달성 여부를 확인할 수 있는 목표를 팀원들과 함께 설정하면 목표에 대한 명확한 이해가 가능하다.

팀장이 기존의 일하는 방법을 가르치면 팀원들이 달성하는 성과는 달라지지 않는다. 환경이 열악하면 성과가 미흡할 수밖에 없다. 팀장이 목표를 제시하고, 팀원들이 방법을 고민하면 다양한 답을 도출할 수 있다. 하지만 팀원들은 왜 이 목표인지, 애초에 일을 시작한 목적을 이해하지 못한 채 실행한다. 그래서 목적부터 공유한 다음 함께 목표를 설정해야 한다. 방법을 알려줄지, 목표를 보여줄지, 목적을 공유할지는 팀장의 몫이다.

그렇다면 어떤 방법이 팀의 목적을 이루고 성과를 내는 데 좋을까?

팀장은 일의 돌아가는 판을 읽고 팀원들을 제대로 이해하고서 방법을 선택해야 한다. 팀장이 판을 잘못 읽으면 일의 WHY가 목표로 바뀌면서 잘못된 목표를 설정할 수 있다. 또 팀원들을 제대로 파악하지 못하면 실행이 이루어지지 않는다. 일이 돌아가는 전반적인 상황을 무시하고 팀원들을 고려하지 않은 채 자신의 입장에서만 생각하는 목표를 좇다 보면 보여주기식 성과를 낳는다. 또 팀원들의

일하는 방법의 종류

( ) = 5 × 3	▹ **방법 중심의 일하는 방법** 팀장이 곱셈 방법을 제시하고, 팀원은 곱셈을 반복한다. 팀장이 제시한 곱셈을 팀원은 습득하고 이를 반복한다.
vs	
15 = ( ) × ( )	▹ **결과 중심의 일하는 방법** 팀장이 15의 결과를 제시하고, 팀원은 15를 만들기 위한 ( ) 안의 숫자를 함께 고민한다.
vs	
( ) = ( ) × ( )	▹ **목적 중심의 일하는 방법** 팀장은 좌변의 ( ) 안에 어떤 목표가 들어갈지 목적과 목표를 공유하고, 팀원들은 우변의 ( )에 어떤 숫자가 들어갈지 고민한다. 팀장과 팀원이 어떤 목적을 달성하기 위한 목표를 설정하고, 다양한 방법을 고민하고, 실행하여 달성한다.

업무 실력, 팀원 간의 역할 차이 등을 잘못 판단하면 일을 쳐내기에만 급급해지거나 팀원들에게 실망한다.

팀장은 일의 WHY를 목표로 체계적으로 구체화하되, 현실적인 상황을 살펴야 한다. 하나의 목표를 설정하려면 일을 둘러싸고 있는 상황을 입체적으로 이해해야 한다. 예를 들어 "벽이 더러우니 흰색으로 칠해주세요"라는 과제가 있을 때 무조건 벽을 흰색으로 다시 칠했다면 그것은 성과를 냈다고 보기 힘들다. 더러워진 원인이 무엇인지, 앞으로는 쉽게 더러워지지 않는 벽으로 만들고 싶은 것인지, 아니면 더러움이 눈에 잘 띄지 않는 정도로 괜찮다는 것인지 다양하게 해석해보는 자세가 필요하다. 입체적으로 보면 어떤 것이 진짜 목적인지 알 수 있으며, 하나의 과제를 해결하는 데 천차만

별의 해석이 나올 수 있다. 있는 그대로, 문자 그대로만 받아들이지 말고 애초에 일의 목적이 무엇이었는지 확인하고, 그것에 다다르기 위해 다양한 해석을 하다 보면 여러 실마리를 찾게 될 것이다.

일은 WHY에 대한 생각에서 출발한다. 일을 할 때 정답은 없다. 하지만 왜 하는지, 회사 전체에서 어떤 역할을 하는 일인지, 팀원들이 무엇을 해결해야 하는지 일의 WHY를 구체화하면 해답이 보인다. 일의 WHY가 배어 있는 성과와 그렇지 않은 일의 결과물은 분명히 다르다.

일의 WHY를 번역하라

일이 어떤 배경에서 시작되었고, 현재 어떤 상황이며, 해결할 문제가 무엇인지를 알아야 한다. 팀장이 팀원들과 일의 문제, 상황, 배경을 공유하는 것은 매우 중요하다. 일이 시작된 배경과 업무 고객이 기대하는 그 일의 결과물, 일과 관련된 부서들이나 팀원들이 어떤 의견과 역할을 갖고 있는지, 그리고 해결할 문제가 무엇인지 등을 공유해야 한다.

일의 WHY를 공유하기 위해서는 무슨 일이든 수단과 방법을 먼저 생각하지 말고, 목적을 물어서 어떤 가치가 있는지 확인해야 한다. 그리고 목적을 중심으로 가치를 판단하여 목적 달성의 결과로 전환해야 한다.

팀원들이 목적을 고려해서 일하는 방법을 찾아내고 성과를 달성하도록 하는 일의 WHY를 디코딩 하는 방법은 두 가지다.

첫 번째 방법은 질문을 통해 디코딩 하는 것이다. 즉, 디코딩 하는 질문으로 일의 WHY를 해석할 수 있다. 일의 이유를 묻는 질문, 목적을 이룬 상태를 확인하는 질문, 피해를 예상하는 질문, 즉 "왜 이 일을 하는가?", "무엇을 얻고자 하는가?", "이 일을 하지 않으면 어떤 일이 벌어지는가?"와 같은 디코딩 질문을 통해 일의 WHY를 번역할 수 있다.

먼저 일의 배경, 일이 시작된 의미를 확인해야 한다. 예를 들어 엘리베이터 제조회사에서 설치한 엘리베이터의 이동시간이 길어 승객들이 타는 동안 지루하다며 클레임을 제기해 엘리베이터의 속도를 개선하라는 과제가 주어졌다고 하자. 이 경우 단편적으로 보면 '엘리베이터의 속도 개선'이 성공적인 결과물일 것으로 보이지만, 일의 WHY는 지루하다는 고객의 클레임에서 시작되었다. 따라서 성공적인 결과물은 고객의 클레임 감소다. 이 경우 팀장은 엘리베이터의 속도를 왜 개선해야 하는지 그 이유를 살펴보고 팀원들과 공유하는 것이 맞다. 즉, 일의 목적을 살펴보고 팀원들에게 성공적인 결과물을 제시해야 한다.

다음으로 일을 통해 궁극적으로 얻고자 하는 결과물, 즉 이 일을 하면 어떤 이득이 있는지 기대효과를 공유해야 한다. 예를 들어 음료를 유통하는 회사에서 VIP 고객들을 집중적으로 관리한다고 가정하자. 이 경우 VIP 고객을 초대하여 사업설명회를 하고, 이를 통해 추가적인 아이템들의 구매를 유도하려는 의도가 있다면 'VIP 대상 사업설명회 수'보다는 'VIP 고객 추가 매출액'이 더 나은 목표가 될 수 있다.

끝으로 관리하지 않았을 때의 피해를 예상해야 한다. 예를 들어 자동차회사에서 품질을 관리하지 않으면 어떤 일이 벌어질까? 우선 고객의 클레임이 늘어난다. 불량이 계속해서 늘어나면서 품질 불량 클레임이 증가한다. 고객의 품질 클레임이 늘어나면 이를 해결하기 위해 다시 만들어 납품을 해야 한다. 재생산으로 원가는 두 배 이상 상승하고, 최악의 경우 고객들이 다시는 거래를 하지 않으면서 고객의 수가 감소해 매출액이 떨어질 수 있다. 이러한 상황에서 팀장은 다양한 피해를 충분히 고려하여 일의 WHY를 결정해야 한다. 이 경우 '품질 불량 클레임을 관리하는 것'도 일의 목적이 될 수 있지만, '품질을 관리하지 않을 때 예상되는 원가 상승'을 목적으로 정할 수도 있다. 불량률은 그저 품질 관리가 잘되고 있는지, 아닌지를 나타내는 숫자일 뿐이다. 결코 불량률 관리는 일의 WHY를 목표로 전환한 방법이 아니다.

두 번째 방법은 엘리베이터 피치(elevator pitch)를 활용한 '일의 WHY 피치'다. 엘리베이터 피치는 어떤 상품, 서비스 혹은 기업과 그 가치에 대한 빠르고 간단한 요약 설명을 뜻한다. 다시 말해 엘리베이터에서 중요한 사람을 만났을 때 자신의 생각을 요약하여 20초에서 3분이라는 짧은 시간 내에 전달하는 것이다. 엘리베이터 피치는 말, 글, 비디오 등 다양한 형태로 가능하다. 프로젝트 매니저, 세일즈맨, 정책 결정자 등은 엘리베이터 피치를 연습하고 사용함으로써 자신의 주장을 빠르고 정확하게 전달할 수 있다. 또 경영자들은 투자자들에게 투자 유치를 하기 위해 엘리베이터 피치를 활용할 수 있다. 엘리베이터 피치를 활용한 일의 WHY 피치는 정해진 형식으로 짧은 시간 동안 일의 WHY를 전달하는 훈련을 반복하는 것이다. 일의 WHY 피치는 문제, 의도, 상황, 요청사항 등으로 이루어진다.

예를 들어보자. 어느 회사에서 고객사에 납품한 물품 수량이 맞지 않다는 클레임이 접수되었다. 고객사에서 물량에 대한 조사를 요구하는데, 영업팀장이 혼자서 결정할 수는 없다. 물량 조사는 사업부장이 실시 여부를 조사해야 한다. 물량 조사에는 여러 부서가 관여하고, 조사가 실시되면 한동안 출하와 납품이 정지되는 피해가 사업부와 공장 모두에 미치기 때문이다. 이 경우 팀장은 고객사의 물품 수량 불일치 클레임을 어떻게 처리해야 할까?

현재 물품 수량의 불일치의 문제가 발생했어요. (문제)

이를 해결하려면 물량 점검이 필요해요. (의도)

물량 점검은 사업부장의 의사결정을 받고, 출하팀장의 협조를 얻어야 해요. (상황)

물량 점검의 전수조사와 부분조사를 비교해서 1페이지 자료를 만들어 주세요. 그 자료를 가지고 사업부장과 출하팀장과 함께 의논할게요. (요청사항)

팀원에게 떠오르는 대로 이야기해도 '알아듣겠지'라고 생각하지 말고, '문제-의도-상황-요청사항'을 정리하여 공유하면 팀원은 팀장의 마음을 이해하고 제대로 실행할 수 있다.

벨기에의 초현실주의 화가 르네 마그리트의 그림 〈통찰력〉(1936)은 새 알을 보고 새를 그리는 화가의 모습이다. 〈통찰력〉에서 화가는 알을 보고 새라는 알의 미래를 그린다. 알 속에 잠재된 새를 파악하고, 알의 미래 모습을 그린다. 보이는 알을 넘어서 보이지 않는 새를 그려낸다. 화가의 통찰력이다. 이처럼 팀장도 눈앞에 닥친 일만 보기보다는 처한 상황을 좀 더 체계적으로 들여다보고 일의 미래인 목표를 떠올릴 수 있어야 한다. 그 첫 단추가 일의 WHY를 팀원과 공유하는 것이다. 일을 통해 얻고자 하는 일의 WHY를 구체화하자. 일의 통찰력을 키우자. 팀원들이 능동적으로 행동하게 싶다면 일을 처리하는 순서보다 이 일을 왜 하는지, 일을 통해 무엇을 기대하는지 일의 WHY를 풀어서 공유하자.

2

목표 설계도를 그려라

일의 WHY를 눈으로 볼 수 있게 하라

영화 〈비긴 어게인〉의 한 장면이다. 그레타는 뉴욕의 어느 뮤직 바에서 친구의 권유로 무대에 오른다. 그레타는 관객들의 응원으로 자작곡을 시작하지만, 점차 관객들의 관심은 사그라든다. 관객들은 그레타의 노래를 듣기보다 각자의 대화에 빠진다. 그레타가 노래를 마치자 의례적인 박수가 있을 뿐이다. 속상해하며 자리로 돌아온 그레타에게 관객 중 한 명인 댄이 다가와 음반을 만들자고 제안한다. 다른 관객들은 그녀의 노래에 관심도 없는데, 왜 이 사람은 음반을 제작하자고 했을까? 이 사람은 누구이고, 무엇을 보고 음반 제작을 제안했을까?

음반 제작을 제안한 댄은 과거 뉴욕에서 힙합 열풍을 일으킨 스타 프로듀서였다. 하지만 이제는 아내와의 불화, 자신이 기획한 음반들의 실패 등으로 뭐 하나 잘 풀리는 것이 없어 미치기 일보 직전이었다. 우연히 들른 뮤직바에서 댄은 노래를 부르는 그레타를 보았다. 수수한 기타 반주와 소박한 노래였지만 댄은 머릿속으로 드럼, 피아노, 첼로, 바이올린의 소리를 그리며 히트 예감에 전율을 느낀다. 댄은 그레타가 밴드와 함께 어우러져 노래를 부르는 '라스트 씬'을 보고 음반 제작을 제안했다.

제대로, 함께 일하는 팀장은 '라스트 씬'을 본다. 팀장은 목적을 눈에 보이는 목표로 그릴 줄 알아야 한다. 목표 설계도는 눈에 보이는 이미지로, 업무 수행을 통해 얻고자 하는 결과물의 세부 구성요소와 상태를 나타낸다.

왜 팀장은 목표 설계도를 그리는지, 목표 설계도를 그림으로써 무엇을 얻을 수 있는지 네 가지로 나누어 살펴보자.

첫째, 목표 설계도로 일의 목적을 이해할 수 있다. 목표 설계도를 그릴 때 첫 번째 고민은 '일의 고객이 누구인가?' 하는 것이다. 즉, 어떤 니즈와 원츠(wants)를 가진 고객을 대상으로 할지 분명히 정해야 한다. 일은 고객을 위해 존재한다. 일하는 사람은 고객이 누군지 명확히 알아야 제대로 일할 수 있다.

예를 들어 필자는 어느 회사에서 '팀장 성과 관리' 강의를 의뢰받으면 핵심고객과 강의의 목적을 먼저 생각한다. 가령 핵심고객을 참석자인 '팀장'으로 설정할 경우 강의의 목적을 '팀장이 일하는 방법', '팀장이 팀원들과 어울려 일하는 방법' 등에서 찾는다. 그러면 강의의 주제는 '팀장이 현장에서 팀원들과 어울려 일하는 방법', '팀장의 일하는 방법 개선'으로 정의될 수 있다. 만약 핵심고객을 교육을 요청한 '인사팀 또는 임원'으로 설정할 경우에는 강의의 목적을 '임원의 팀장에 대한 생각', '인사팀이 판단했을 때 뛰어난 리더' 등에서 찾는다. 그러면 강의의 목표는 '임원들이 회사의 방침을 얼마나 공유했는지, 모범 리더가 되기 위한 방법에는 무엇이 있는지' 등에서 찾는다. 팀장은 일의 WHY를 목표 설계도로 그리며 글로 설명하기 어려운 일의 본질을 공감하고, 업무 고객과 공유해야 한다.

둘째, 목표 설계도로 확증 편향을 방지할 수 있다. 확증 편향은 자신이 알고 있는 기존의 생각, 그리고 확신하고 있는 정보들과 새로운 정보들이 모순되지 않는다고 보는 경향이다. 한마디로 보고 싶은 것만 보고, 믿고 싶은 것만 믿는 것이다. 확증 편향에 빠지면 우리가 알고 있는 기존의 지식과 모순되는 지식들은 받아들이지 않고 걸러낸다.

예를 들어 어떤 회사에서 성장 전략을 채택하면 그 전략이 성공할 근거만 본다. 그리고 모든 자료는 성장 전략을 뒷받침하는 낙관적 근거로만 본다. 그와 반대되는 증거들은 전혀 눈에 띄지 않으며, 혹시 보이더라도 특수하다거나 결코 통제할 수 없다며 무시한다. 고정된 결론을 고수하며 이를 더욱 강화한다. 만약 일의 목적이 '판매 강화'라면 '매출액'을 목표로 하는 단순 방정식에서 빠져나올 수 있다.

셋째, 목표 설계도로 팀원들의 참여를 이끌어낼 수 있다. 목표 설계도는 데이터를 기반으로 그린다. 이때 현장에서 데이터를 관리하는 팀원들의 참여가 필수인데, 데이터를 다시 타깃별로 세분화하고 분류하면서 팀원들은 현장을 보다 명확히 이해할 수 있다.

목표를 구성하는 타깃은 두 가지다. 하나는 관리 타깃이고, 다른 하나는 전략 타깃이다. 관리 타깃은 기존에 관리해오던 대상으로, 변동의 폭이 적다. 이는 주로 이전에 달성한 성과를 분석하여 도출이 가능하다. 예를 들어 판매액을 관리할 때 제품별 판매액을 집계하거나 시장별 판매액을 집계하는 것은 관리를 위한 방법이다. 전략 타깃은 기존의 성과가 아닌 새롭게 나타낸 대상으로, 변동의 폭이 크다. 전략 타깃은 성과의 80퍼센트를 발생시키는 원인 20퍼센트에 해당한다. 예를 들어 불량률을 제품별로 집계하는 것은 관리 타깃이고, 불량 원인으로 나누면 전략 타깃이다. 실제 자동차부품 업체를 컨설팅 했을 때 품질 실패 비용 100억의 전략 타깃은 주요 세 개 업체의 품질체계 미흡, 야간조의 품질 이해도 미흡, 협력업체 관리시스템 미구축 등의 세 가지 불량 원인에 기인했고, 이를 줄임으로써 품질 실패 비용 중 80억을 줄일 수 있었다.

넷째, 목표 설계도로 자기 일에 대한 이해도를 높일 수 있다. 일방적으로 부여된 목표를 자신의 목표로 설정하는 것보다 데이터를 기반으로 목표 설계도로 그리는 과정에서 팀원들은 자기 일의 본질을 알 수 있다. 목표를 설정할 때 팀원들과 함께 데이터와 의견을 공유하며 목표를 그림으로써 일의 목적을 이해해야 한다. 목표를 수립하면 우리가 가야 할 곳이 명확히 보인다. 눈에 보이는 목표는 제약된 환경에서 팀장과 팀원이 목적을 이루기 위해 어떤 대상에 집중하고, 어떤 것을 해야 할지 알려준다. 목표 설계도는 목적을 이루기 위해 할 일은 많고, 방해되는 요인들은 넘쳐나는 상황에서 목표를 달성하는 지름길을 알려준다.

일의 WHY를 목적 지표로 추출하라

그렇다면 팀장이 목표를 설계하는 방법에는 무엇이 있을까? 팀장이 팀원들과 함께 목적을 목표로 바꾸는 방법은 무엇일까?

첫 번째 방법은 일의 WHY를 목적 지표로 추출하는 것이다. 마치 찐한 에스프레소의 한 방울처럼 말이다. 목표는 일의 방향과 목적 달성 여부의 지표, 그리고 달성 정도인 숫자를 포괄한다.

예를 들어 주식투자를 통해 자신의 금융자산을 높이고자 한다면 일의 방향은 '금융자산 제고'이고, 목적 달성의 기준은 '투자수익률'이다. 기대하는 정도는 '5퍼센트'로 설정한다. 목적 지표 추출의 핵심은 일의 WHY를 '수치화'가 아닌 '지표화'하는 것이다.

많은 팀장들이 지표를 만들 때 수치화해야 한다고 오해한다. 그러다 보니 본래 일의 WHY를 놓치고 숫자 헤아리기에만 매달린다. 예를 들어 많은 불량으로 피해를 입는 회사의 품질팀장이 '품질 관리'의 목적을 목표로 설정할 경우 '불량률'에 초점을 맞추는 식이다. 여기서 불량률은 품질 관리의 목적 달성 기준이 아니라 품질 관리 상태를 나타내거나 품질 관리 활동 정도를 알려줄 뿐이다. 품질 관리의 목적 달성 기준은 불량으로 인한 품질 저하를 막는 것이다. 따라서 목적 달성의 기준은 '품질 실패 비율'이 되어야 한다.

일의 WHY를 지표로 추출할 때에는 네 가지 지표를 세울 수 있다. 목적을 목표로 바꿀 때의 지표로는 투입 지표, 활동 지표, 성과 지표, 목적 지표 등이 있다.

투입 지표는 업무 실행으로 소비되는 자원을 의미한다. 예를 들어 경비, 팀원의 근무 시간 및 활동 시간, 시설, 장비 등을 포함한다.

활동 지표는 업무의 목적을 성취하기 위해 업무를 실행하는 것을 의미한다. 예를 들어 전략, 기술, 활동 등을 포함하고, 여기에는 관리 시간, 관리 활동 등이 포함된다.

성과 지표는 실행에 의해 직접적으로 나타나는 산물로, 작업량에 의해 측정할 수 있다. 예를 들어 개선 수, 해결 수, 서비스 제공 시간 등을 포함한다. 원하는 바 또는 필요한 바의 해결 여부를 확인할 수 있기 때문에 중요하다.

목적 지표는 업무 실행 또는 업무 실행 후에 나타나는 혜택이나 변화를 의미한다. 즉, 원래 일을 시작할 때 의도했던 혜택이나 변화를 이루었는지 확인할 수 있으며, 팀장과 팀원이 성취하려는 것과 직접적인 연관이 있다. 업무실행을 통해 달라진 것이 무엇인지 파악하는 것은 매우 중요하다. 목적 지표는 일의 WHY 달성을 확인하는 지표다. 목적을 목표로 전환한다는 것은 우연히 얻은 결과물이 아니라 목적을 관리하고 기존보다 나아지기 위한 의도를 구체화시키는 것이므로 실현 가능한 목적 지표를 설정해야 한다.

일의 WHY를 상상하라

팀장이 목표를 설계하고, 팀장이 팀원들과 함께 목적을 목표로 바꾸는 두 번째 방법으로는 목표 설계도 상상법이 있다.

목표 설계도를 그리는 방법에는 두 가지가 있다. 바로 귀납적 목표 설계와 연역적 목표 설계다. 귀납적 목표 설계는 'WHAT'이고, 연역적 목표 설계는 'IF'다. 귀납적 목표 설계는 '무엇으로 구성되었는가?'에 대한 답이고, 연역적 목표 설계는 '만약 그러하다면?'에 대한 답이다.

예를 들어 요리를 하려고 하는데 냉장고를 들여다봤더니 시금치, 당근, 계란, 잡채 등이 있다고 가정하자. 이때 귀납적 목표 설계와 연역적 목표 설계는 어떻게 다를까? '냉장고 속 재료들로 뭘 만들 수 있지? 잡채가 가능하겠구나! 잡채를 만들어 먹어야지.' 이렇게 접근하면 귀납적 목표 설계다. 반면 '오늘 점심은 뭐 먹지? 뭐가 먹고 싶지? 불고기가 먹고 싶다. 근데 냉장고에 고기도 없고 양파도 없네. 그럼 고기와 양파를 사야겠다.' 이렇게 접근하면 연역적 목표 설계다.

귀납적 목표 설계는 다수의 구체적인 데이터나 의견을 수집하여 거기에 여러 가설을 세우고 추세를 반영하는 방법이다. 반면 연역적 목표 설계는 도달하고자 하는 목표를 전제로 가상의 타깃을 추가하는 방법이다. 귀납적 목표 설계는 먼저 기존에 달성한 목표를 분석하는 것에서 시작한다. 즉, 현재의 성과에서 출발한다. 귀납적 목표 설계는 현재의 성과를 파악하여 이를 달성할 수 있었던 요인을 정리하고, 달성 정도를 추가하여 목표를 설계하는 방법이다. 귀납적 목표 설계는 현재 성과의 연장선상에서 생각하는 것이기 때문에 사고나 방향성을 확실히 정리할 수는 있지만 새로움은 없다. 그래서 목표는 현실적으로 달성 가능한 것에 한정된다. 귀납적으로 목표를 설계하면 가능한 범위 내에서 목표의 이미지를 찾는다.

반면 연역적 목표 설계는 이루고 싶은 목표, 바라는 목표 같은 기대사항을 정리하는 것에서 시작한다. 그리고 기대하는 목표를 기준으로 현재의 수준과 비교하여 무엇이 필요한지 탐색한다. 그러면 이미 가지고 있는 타깃을 파악하고, 부족한 타깃은 추가적으로 설정할 수 있다. 또한 추가 타깃을 설정하고 달성하기 위해 지원 사항을 구체적으로 요구하거나, 장기적으로 확보할 전략도 준비할 수 있다. 자신이 가정한 목표 대비 현재 수준의 차이를 알고 그 사이를 메꾸기 위한 타깃을 찾아내는 과정도 중요하다. 부족한 것을 어떻게 채워갈까, 목표 이미지를 이렇게 바꾸면 실현 가능성이 높아질까, 지원 사항을 확보하면 목표를 좀 더 크게 그릴 수 있지 않을까 등을 생각하며 팀장은 스스로 일하는 실력을 높일 수 있다.

르네상스 이후 원근법이 사용되고, 명암법이 널리 사용되며 서양화가는 자신의 눈앞에 보이는 풍경과 대상을 세세히 그리는 사실주의가 가능했다. 반면 동양화가는 화가 자신의 마음을 담은 대상을 그리곤 했다. 과거에 동양화가는 그림을 그리기에 앞서 그리고자 하는 대상인 산을, 또는 대상을 끊임없이 관찰하고 그 속성을 이해하려 노력했다. 즉, 대상과 하나가 되는 체험을 통해 대상을 이해했다. 이런 합일 과정을 통해 대상을 마음속에 담았다. 그림을 그릴 때에는 눈앞의 대상이 아닌 자신의 마음속에 있는 대상을 그렸다. 동양화가는 마음속에 담은 그림을 그리고, 르네상스 이후 서양화가는 눈에 보이는 그림을 그렸다.

원근법과 명암법이 담긴 르네상스 이후 서양화는 사물의 외형을 세세히 묘사하고 사실적으로 담아내고, 조선시대의 동양화는 그림에 작가의 뜻과 정신을 표현한다. 마음이 있지 않으면 눈앞에서 보아도 보이지 않고, 들어도 들리지 않고, 먹어도 그 맛을 알지 못한다고 했다. 서양화가는 눈으로 대상을 관찰하여 그리고, 동양화가는 마음속에 담긴 대상을 들여다보고 자신의 뜻을 그린 것처럼 대상에 대한 디테일함은 기본이다. 팀장은 마음대로가 아닌, 정밀한 관찰을 통해 데이터를 기반으로 목표를 그려야 한다.

3

전략 리허설로 적중률을 높여라

팀장의 업무 현장은 어디인가?

팀장은 업무 현장을 물리적 장소가 아닌 전략적 영역으로 구분하자. 팀장들에게 업무 현장이 어디인지 물어보면 영업팀장은 자신의 고객이 있는 거래처라 답하고, 생산팀장은 생산설비가 있는 곳이라 답한다. 기획팀장은 회의가 열리는 회의실이나 근무하는 사무실이라 답하고, 연구개발팀장은 제품을 연구하고 기술을 개발하는 연구실이라 답한다. 팀장이 일하는 현장은 성과가 창출되는 모든 곳이다.

팀장의 성과와 관련된 영역을 세분화시켜보면 제1현장과 제2현장으로 나눌 수 있다. 제1현장은 자신이 직접적으로 관리하는 영역이고, 제2현장은 성과 달성에 간접적 영향을 미치는 영역이다. 팀장의 업무 현장을 성과에 영향을 미치는 정도에 따라 제1현장과 제2현장으로 나누면, 영업팀장의 제1현장은 고객인 거래처이고, 제2현장은 상품을 만드는 생산 현장과 각종 부자재를 구매하는 구매팀과 영업정책을 결정하고 의논하는 기획팀이다. 연구개발팀장의 제1현장은 연구원들과 함께 일하는 연구개발실이고, 제2현장은 연구개발을 지원하는 부서, 상품 개발의 가이드라인을 고민하는 마케팅팀, 기획팀이다.

만약 팀장이 자신의 업무 현장을 체계적으로 구분하지 못하고, 데이터와 정보를 구분하지 못하면 어떤 일이 벌어질까?

첫째, 보고를 위한 보고가 넘쳐난다. 팀장이 주재하는 회의가 의견을 공유하기보다 사실을 보고하는 시간이 되면 데이터와 의견을 구분할 수 없어 팀원별로 업무에 대한 기초적인 데이터 등을 팀장에게 보고하기 바빠진다. 어느 유통회사의 팀원들은 필자와의 인터뷰에서 팀장이 주관하는 회의는 일상적이고 정례적인 정보 공유 시간이라고 토로했다. 회의 시간에 아이디어나 대안을 논의하기보다 기본적인 정보를 공유하기에만 바쁘다. 그리고 마지막에는 팀장이 전주와 비슷한 뉘앙스로 "잘해보자!"라는, 알아듣기 힘든 이야기만 반복할 뿐이다.

둘째, 전략의 적중률이 떨어진다. 즉, 팀장이 업무 현장을 체계적으로 관리하지 못하면 전략 논의에 필요한 데이터 부족으로 무슨 대책을 세울 수가 없다. 이 경우 팀장이 종합적인 데이터와 의견을 바탕으로 판단을 하기보다 자신이 알고 있는 정보만으로 직관적이고 경험에 의존해 결정하기 쉽다. 한 연구에 따르면 많은 리더들이 의사결정에 필요한 정보를 공식화된 회의나 IT시스템의 정보보다 개별 보고, 사석에서의 대화 등 구두 커뮤니케이션에 78퍼센트 이상 의존한다고 한다. 이처럼 비공식적 데이터나 의견에 의존하면 명확한 근거가 부족하므로 모래 위에 쌓은 성처럼 전략의 적중률이 낮아진다.

셋째, 가치 있는 업무보다 일상 업무에서 정보, 사실 공유에 많은 시간을 쏟아붓는다. 현장의 데이터를 체계적으로 관리하지 못하면 눈앞의 이슈를 처리하기에만 급급할 뿐, 어떤 이슈를 깊이 있게 고민하기 힘들다. 이 경우 팀장은 다양한 문제를 신속하게 처리해야 하므로 여러 사안을 좀 더 탐색하고 실행하기보다 듣는 즉시 팀원에게 지시하기 바쁘다. 마치 'OX 퀴즈'와 같다. 실제로 임원들은 여덟 시간 동안 대략 500여 가지의 크고 작은 일을 처리하고, 그중 50퍼센트는 10분 이하의 시간을 소요했다. 그러다 보면 전략을 구상하는 시간이 부족할 수밖에 없다. 업무 현장과 데이터를 구분해야 중요한 의사결정과 사전에 대안을 수립하는 시간을 확보할 수 있다. 팀장이 의례적인 업무에 치이지 않아야 가치를 창출하는 일에 좀 더 많은 시간을 확보할 수 있다.

만약 팀장이 자신의 업무 현장을 단순히 일하는 곳으로만 좁히면 의사결정에 필요한 데이터와 전략을 수립하는 데 필요한 정보도 자신이 일하는 곳에 관련된 고객의 정보에만 의존하고 관리한다.

업무 현장에서 팀장들이 전략을 수립하는 모습을 관찰해보면 상당수가 성과 전략을 수립할 때 직접적인 관리영역인 제1현장에 의존한다. 그런데 제1현장보다 제2현장을 잘 몰라서 일이 지연되거나 전략의 적중률이 떨어지는 경우가 많다.

그렇다면 팀장이 제1현장과 제2현장에서 어떻게 행동해야 보고를 위한 보고를 없애고, 전략적 적중률을 높이며, 깊이 있게 대안을 모색할 수 있을까?

팀장은 업무 현장에서 객관적 사실과 주관적 의견에 주의를 기울여야 한다. 전략을 수립하기 위해 챙겨야 할 첫 번째 재료는 사실이다. 현장에서 있는 그대로의 사실을 눈으로 관찰해야 한다. 현지현물(現地現物), 이 말은 현장에 가서 실제 사물을 '있는 그대로' 보는 것이 중요하다는 의미다. '있는 그대로'는 고정관념이나 선입견에 빠지지 않고 눈에 보이는 대로, 들은 대로, 본 대로 기록한다는 의미다. 사실이 왜곡되지 않도록 육하원칙에 따라 데이터를 파악하고 기록해야 한다. 과학수사대가 범죄 현장을 감식하듯 구체적 숫자와 기록으로 남겨야 한다.

전략을 수립하기 위해 챙겨야 할 두 번째 재료는 주관적 의견이다. 이는 곧 객관적 사실과 데이터에 근거하여 전략을 수립할 때 어떻게 활용할 것인지, 어떤 것을 강화할 것인지, 어떤 방해요인을 피할 것인지를 판단한 팀원과 팀장의 의견이다. 동일한 현상에 대해 각기 다른 관점과 다양한 대안들을 제시할 수 있다. 훌륭한 요리 이전에 훌륭한 재료가 필요한 것처럼 사실과 의견이 어우러져야 전략이 맛깔나게 완성된다.

팀장이 성과를 내는 전략, 즉 성과 전략은 통찰력이다. 팀장의 통찰력은 사실에 대한 분석과 제1현장과 제2현장 관계자들의 관점을 아우르는 판단력의 합이다. 성과 전략은 현상에 대한 분석과 다양한 판단의 합이다. 다른 회사가 어떻게 한다는 식의 옆집 베끼기 식 전략이 아닌 업무 현장에서 실행하기 위한 통합적 접근이 필요하다. 일을 쳐내는 데 급급한 팀장은 결코 깊이 있는 판단을 하기 힘들다.

팀장은 파트너십과 스폰서십을 갖추어야 한다. 제1현장에서 일하는 팀원들과 업무 파트너십을 키우고, 제2현장의 다른 팀장들과 스폰서십을 구축하자. 쉽게 말해 팀장이 무슨 일을 추진하면 팀원들이 '우리 팀장이라면 이렇게 할 거야'라고 생각하는 파트너십과 관련 부서에서 '저 팀장이 추진한다면 내가 도와줘야지'라고 생각하는 스폰서십을 만들어야 한다.

제1현장에서 팀원들의 호칭을 '파트너' 또는 '매니저'로 바꾼다고 팀원들과의 업무 파트너십이 생기는 것이 아니다. 팀원들이 사실을 근거로 스스로 의견을 개진할 수 있는 시스템을 갖춰야 한다. 자신이 의견을 내면 그것이 실제로 채택되고, 그것이 성과로 눈앞에서 구현될 때 일할 맛이 난다. 그러려면 팀원들에게 제1현장의 사실을 기록하고 의견을 내는 연습을 시키자. 그리고 팀장은 이런 재료들을 버무려 하나의 음식을 만들 듯 팀 성과 전략을 수립하는 프로세스인 성과 전략 워크숍을 이끌어야 한다.

한편 제2현장에서 팀장이 나서서 일할 때 '저 사람이면 도와줄 만하다'는 신뢰관계를 평소에 확보하지 못하면 사사건건 데이터와 의견을 조율해야 하는 회의가 반복된다. 제2현장의 스폰서십을 확보하려면 평소 자신의 업무에 대한 정보와 제2현장 업무 스폰서들의 데이터를 공유하자.

업무 파트너들, 업무 스폰서들과 현장에 대한 의견을 공유해야 정확한 전략을 세우는 것이 가능하다. 축구 경기에서 스트라이커 혼자 아무리 열심히 골대 앞으로 전력 질주한다고 득점을 올릴 수 있는 것은 아니다. 상대편 골대에 슛을 넣으려면 후방 수비수의 위치와 중간지역을 연결시키는 선수의 패스 방향을 서로 알아야 한다. 그래야 결정적 순간에 스트라이커가 상대편 골대 앞으로 뛰어갈 타이밍과 슛을 쏠 기회를 얻을 수 있다. 팀장도 마찬가지다. 팀이 성과를 내기 위해서는 평소에 다른 부서들이 어떤 일을 어떻게 하고 있는지 파악하고, 평소에 의견을 공유해야 한다.

팀장의 취향과 전략은 다르다

제1현장과 제2현장, 그리고 데이터와 의견을 근거로 팀장은 어떻게 목표의 전략을 수립하고 코칭 해야 할까? 팀장이 목표를 달성하기 위해 수립하는 성과 전략은 무엇이며, 성과 전략은 어떻게 수립해야 할까?

영화 〈머니볼〉을 예로 들어보자. 2002년 시즌을 앞두고 메이저리그 야구팀인 '오클랜드 어슬레틱스'는 주전선수 세 명이 빠져나가는 위기를 겪는다. 세 선수는 바로 제이슨 지암비, 자니 데이먼, 제이슨 이스링하우젠이었다. 우선 지암비는 2년 연속 40홈런-120타점을 올린 슬러거였다. 이런 선수가 빠져나갔는데 온전할 팀은 없다. 아울러 34세이브를 올린 이스링하우젠의 이탈은 팀의 전력을 낮추기에 충분했다.

영화에서 단장인 '빌리 빈(브래드 피트)'은 어떻게 위기를 극복할까? 그는 기존과는 다른 방식으로 선수를 선발한다. 기존의 선수 선발 방식은 선수 스카우터의 경험과 막연한 감에 의존했다. 그리고 경제학 박사들을 데이터 분석가로 채용했다. 빌리 빈 단장은 경기 데이터에만 의존해 사생활 문란, 잦은 부상, 최고령 등의 이유로 다른 구단에서 외면받던 선수들을 팀에 합류시킨다. 물론 모두가 미친 짓이라며 그를 비난한다. 결론부터 말하자면 그는 오로지 경기 데이터 분석 자료만을 바탕으로 선수들의 재능을 평가하고, 적은 비용으로 높은 효과를 거두는 선수 트레이드로 140년 메이저리그 역사상 최초로 20연승이라는 최대 이변이자 혁신을 만든다. 타율, 타점, 홈런 등 다른 팀에서 큰돈을 들이는 지표보다 볼넷, 출루율 등이 승리와 직결되는 요인임을 간파하고 이를 토대로 부자 팀들이 외면하는 선수들을 영입했다.

미국 메이저리그는 '단장의 게임'이다. 이것이 단장을 '야구의 건축가'라고 부르는 이유다. 한국 · 일본과 달리 미국의 경우 단장이 선수단 구성과 팀 운영 전권을 행사한다. 신인 선발부터 트레이드, 자유계약선수 영입도 단장의 몫이다. 빌리 빈 단장은 야구를 합리적인 시각으로 분석하고 그에 기반해 전략을 구성했다. 팀장이 수립하는 성과 전략도 마찬가지다. 팀장은 선호하는 방법이나 막연한 감보다 성과에 영향을 미치는 요인을 근거로 성과 전략을 수립해야 한다.

팀장이 선호하는 방법과 성과 전략은 제각각 다르다. 성과 전략은 목표 달성에 영향을 미치는 요인을 객관적인 근거를 통해 찾고,

요인별 대응 방법을 선택하는 것이다. 목표 달성에 영향을 미치는 요인으로는 성공요인, 장애요인 등이 있다. 목표 달성에 긍정적인 영향을 미치며 자신이 관리 가능한 요인이 성공요인이고, 반대로 목표 달성에 부정적인 영향을 미치며 관리가 어려운 요인이 장애요인이다. 그동안 우리가 목표를 달성하지 못한 것은 노력이 아닌 목표와 성과 사이의 격차를 좁힐 수 있는 성공요인과 장애요인을 찾아내지 못했기 때문이 아닐까? 아무리 열심히 해도 방향이 잘못되면 성과는 달성될 수 없다.

팀장이 성과 전략을 수립하고, 팀원들의 성과 전략을 코칭 하는 방법으로는 성과 분석, 업무 병목 찾기, 고객의 불편과 불만 분석 등이 있다.

첫째, 성과 분석은 달성한 성과를 꼼꼼히 살펴보며 성과 달성에 영향을 미친 요인을 찾아내는 방법이다. 한마디로 달성한 성과에 영향을 미친 요인들을 리스트로 만들어 유지하거나 제거하거나 새롭게 시작할 요인을 구분하는 분석 방법이다. 구체적으로 팀원들이 일의 목적, 목표, 그리고 실행한 성과 전략을 스스로 점검하도록 해야 한다. 팀원들끼리 토론하며 일하면서 유지할 것(KEEP), 제거할 것(STOP), 새롭게 시작할 것(BEGIN)을 세 가지씩 각각 적고 유지, 제거, 시작할 요인을 세 개씩 합의하도록 한다. 개별로 적고 반드시 토의를 거쳐 합의하도록 해야 한다. 이 과정에서 성과 전략을 이해하고, 어떤 행동이 팀 성과 달성에 필요한 전략인지 알 수 있다. 이때 포스트잇을 사용하면 토론과 평가가 용이하다.

예를 들어 다이어트에 관해 성과 분석을 해보자. 다이어트에 영향을 미치는 요인은 식단 관리, 운동 부족, 음주량 증가, 팀 회식, 식사 약속 증가, 스트레스 관리 등 다양하다. 그동안 식단 관리, 운동 관리를 해왔다면 유지하는 요인으로 구분하고, 그만두어야 할 것은 음주 관리로 정리한다. 아울러 추가할 것으로 다양한 운동 방법을 찾아낼 수 있다. 팀 회식, 식사 약속 증가, 스트레스 등은 자신이 통제하기 어려운 장애요인이다. 유지할 것과 새롭게 시작할 것은 과제로 선정하고, 그만두어야 할 것은 목표 달성에 간접적이지만 부정적 영향을 미치기 때문에 위험을 낮추기 위한 과제로 바꾸어 실행해야 한다.

둘째, 업무 병목 현상을 해결하는 방법이 있다. 업무 추진 에너지, 시간, 업무 품질이 떨어지는 등의 업무 정체 현상, 즉 업무가 지체되고 협의와 협조가 원활하지 않은 현상을 찾아내 그 원인에 대한 대책을 수립하는 방법이다. 주로 업무 협조의 목적이 불분명한 경우, 업무 프로세스가 없거나 있어도 준수하지 않는 경우, 업무와 관련된 역할이 불명확한 경우 업무 병목 현상이 나타난다.

업무 병목 현상의 예로 영업팀이 고객 방문과 판매 등 영업활동에 집중하지 못하고 생산 스케줄과 출하 일정 조율에 관여하는 경우가 있었다. 그 기업은 BtoB 기업으로 급작스러운 고객의 요청에 따라 영업팀이 급하게 제품을 판매했고, 생산팀은 한 달 단위로 생산 일정을 수립하여 급작스러운 생산 요청에 대응할 수 없는 상태였다. 이 회사는 주기적인 생산과 달리 별도의 요청에 따른 생산 등은 프로세스 없이 팀장이 지정하고 관리했다. 하지만 이후 정기적 생산 프로세스와 별도로 긴급 생산 요청 프로세스를 구축하여 관리하거나, 생산 주기를 짧게 나누어서 관리하는 프로세스를 만들어 긴급 판매와 원가 절감 두 가지 목적을 함께 달성하고 있다.

셋째, 고객의 불편과 불만을 분석하는 방법이 있다. 성과를 창출하는 고객들의 불편사항과 불만사항을 수집하여 과제를 도출하는 방법이다. 외부 고객뿐만 아니라 자기 업무와 연결된 다른 부서들을 내부 고객으로 정하고 불편사항과 불만사항을 조사해야 한다. 고객의 불편사항은 한 해 동안 업무를 실행하며 고객이 제기한 클레임 등을 가리킨다. 불만사항은 업무에 대한 기본적인 가치와는 상관이 없으나 고객이 문제를 제기한 관심거리 등을 가리킨다. 고객의 불편과 불만을 근거로 실패 비용을 줄여가는 전략 과제를 선정하여 지속적으로 관리해야 한다.

실제로 한 연구에 따르면 고객의 68퍼센트는 고객 접점에 있는 구성원의 불성실한 태도에 실망해 회사를 등지고, 고객의 41퍼센트는 구성원의 훌륭한 태도에 제품에 만족도가 높아진다고 한다. 아무리 훌륭한 호텔을 지어도 문을 열어주는 것은 벨보이다. 마찬가지로 제품이 아무리 훌륭해도 고객 접점에서 고객의 불편사항과 불만을 잘못 관리하면 모든 것이 허사다. 팀장은 현장에서 고객들이 느끼는 불편사항과 그들이 요구하는 서비스나 제품의 개선사항을 적극적으로 수집하고, 팀의 개선 과제로 만들어 관리할 필요가 있다. 이처럼 팀장은 이전의 성과에서 도출한 성공요인과 장애요인,

업무 병목을 일으키는 원인에 대한 과제, 고객의 불편사항과 불만 사항을 일으킨 과제를 바탕으로 성과 전략을 수립해야 한다.

방법의 새로움을 넘어 관점의 깊이를 가져라

팀장들의 전략을 코칭하다보면 '뭔가 새로운 방법'을 요청한다. 예를 들어 빅데이터를 통한 전략 수립, 고객 경험 설계를 통한 판매 전략 수립 등의 새로운 방법을 기대한다. 물론 이전과 다른 방법을 찾는 것은 긍정적이다. 하지만 분석 방법이 새롭다고 해서 갑자기 그럴듯한 통찰력이 나오는 것은 아니다. 기존의 방법으로 통찰력을 발휘하지 못하는데, 새로운 방법만 찾는 것은 통찰력의 부족보다 도구만 탓하는 것으로 비쳐진다. 달인은 도구를 탓하지 않는다.

전략을 수립하거나 팀원들에게 전략을 코칭 할 때 팀장에게 필요한 자세는 무엇일까? 이전과 다른 전략은 분석도구의 변화보다 관점의 새로움에서 비롯된다. 팀장에게는 '뭔가 있다', '너의 의견은?', '만약에' 등과 같은 새로운 관점이 필요하다.

첫째, '뭔가 다른 방법이 있다'라고 생각하는 자세가 필요하다.

목표를 달성하는 길은 한 가지가 아닌 여러 가지다. 따라서 단정적으로 이야기하기보다는 여지를 두고 설명하자. 팀장이 해답을 주기 시작하면 팀원들은 더 이상 생각하지 않는다. 왜? 팀장에게 가면 답을 알려주기 때문이다. 다시 말해 성과를 내는 방법을 하나로 규정지으면 팀원들은 다른 방법을 고민하지 않는다. '방법은 하나다'라는 전제는 성과 전략을 수립하는 방해물이다. 그 방법 외에 다른 방법은 없다고 생각하는 순간, 생각의 장애물로 작용하여 다른 아이디어나 생각이 떠오르지 않는다. 예전에 일하던 방법이나 매뉴얼에서 안내하는 방법은 통제된 환경 속에서 실험하는 것과 같아서 사람들이 진짜라고 맹신하게 된다. 따라서 이전 방법은 참고사항이라는 전제로 팀장은 팀원들에게 다양한 의견을 내도록 유도해야 한다.

둘째, '너의 의견은?'이라고 묻는 자세가 필요하다. 팀원들이 주어진 내용을 이렇게 저렇게 뒤집어서 생각해보며 자신의 생각을 들여다보도록 유도해야 한다. 유태인 초등학교 교실의 선생님과 학생들이 주고받는 대화 속에서 가장 많이 등장하는 단어는 "마따호셰프"라는 말이다. 이는 바로 "너의 의견은 무엇이니?"라는 뜻이다. 선생님이 한 학생을 쳐다보고 "마따호셰프?"라고 물으면 그 학생은 자신의 생각을 답하고, 다른 학생을 쳐다보고 또 "마따호셰프?"라고 하면 그 학생 역시 자기 생각을 말하는 식의 수업이 이어진다. 선생님의 입에서 "마따호셰프, 마따호셰프?"라는 말이 끊이지 않고 계속 나온다. 이처럼 같이 일하는 업무 파트너인 팀원들에게 업무와 관련된 사실과 정보를 물어보고 이를 바탕으로 성과 전략을 수립하는 참여형 회의를 운영하자. “무슨 말인지 알지?”라고 외치는 전달형 회의나, 이해는 가지 않지만 자기 실력이 들통날까봐 무조건 “네, 알겠습니다”라고 외치는 맹목적 보고와는 대조적인 모습을 이룬다. 즉, 팀원들이 구체적인 방법을 찾기 위해 세밀하게 이야기하도록 하거나, 자기 의견의 근거를 대도록 유도해야 한다. 아울러 팀원들의 의견에 어떤 전제조건이 따르는지 물어야 한다. 또 여러 방법들을 합쳐서 새로이 생각하는 능력도 키워줘야 한다. 특히 팀장은 반대 의견을 새로운 관점으로 여기고 보완하는 자세가 필요하다.

셋째, ‘만약에’라고 묻는 자세가 필요하다. 가설을 만드는 연습을 하자. 가설은 정보 수집 과정이고, 분석 전에 미리 생각하는 임의의 답이다. 팀장은 정보가 적은 단계에서부터 항상 문제의 전체상이나 결론을 미리 생각할 줄 알아야 한다. 이것은 등산할 때 지도를 통해 목표 지점을 명확히 알고 정상 정복에 나서는 산악인과 지도 없이 무턱대고 산에 오르려는 등산객의 차이와 같다. 전자는 목적지를 명확히 알기에 동원 가능한 수단을 계산하여 최단 루트를 선택하고 정해진 시간 내에 정상을 오르지만, 후자는 여러 루트를 집적대다가 시간만 허비하고 겨우 자그마한 봉우리에 오르거나 조난당하기 십상이다.

팀장이 임의의 해답을 갖고 있으면 팀원들은 이것을 증명하기 위해 데이터를 분석하고 증명한다. 하지만 팀장이 임의의 해답 없이 여기저기 기웃거리면 팀원들은 수많은 정보를 수집하고 이를 분석하느라 시간을 허비하다 일의 타이밍을 놓치거나, 과제의 본질을 파악하지 못해 표류하는 실수를 범하게 된다. 임의의 해답은 가설이다. 가설은 가정의 설이다. 아직 증명되지는 않았으나 가장 정답에 가깝다고 생각되는 답이다. 업무 현장에서 실제로 문제가 무엇인지 처음부터 명확히 아는 경우는 드물다. 오히려 문제부터 찾아내야 하는 경우가 더 많다. 따라서 많은 데이터 속에서 허우적거리다 보면 최선의 답이 아닌 최악의 답을 찾을 수 있다. 시간만 끌고, 맞지도 않고, 시원하지도 않고, 짜릿하지도 않은 그런 답 말이다.

그렇다면 임의의 해답을 세우기 위해 필요한 것은 무엇일까? 먼저 정보 수집보다 정보 정리가 우선이다. 지나치게 많은 정보는 오히려 전략 수립을 지연시킬 뿐이다. 정보가 모자라서 전략을 수립 못하는 것이 아니라 신호와 잡음이 섞여서 주파수를 명확히 잡지 못하는 경우가 많다. 그런 다음 현장 지향적 접근법이 필요하다. 이는 곧 '아님 말고' 정신이다. "이렇게 생각했는데 아니네, 아님 말고. 다른 것으로 도전해야지"라고 생각하는 자세다. 직관을 활용하라. 직관의 적중률이 높아지면 통찰력이 생긴다. 바둑에서 "직감 중 90퍼센트는 적중한다"는 명언이 있다. 직감은 지금까지 축적된 경험 속에서 '이런 경우에는 이렇게 대응하는 것이 좋겠다'라는 무의식중에 떠오른다. 실험 정신이 없다면 어떤 일이 생길까?

이카루스는 그리스 신화에 나오는 다이달로스의 아들이었다. 미노스 왕은 뭐든지 만드는 다이달로스에게 한번 들어가면 절대 나올 수 없는 미궁을 만들게 했다. 만약 누군가 탈출하면 다이달로스와 이카루스를 미궁에 가두겠다고 겁박했다. 사실 이 미궁에는 몸은 사람이고, 얼굴은 황소인 괴물 미노타우로스가 살았다. 그런데 제물로 미궁에 갇힌 테세우스가 크레타의 공주인 아리아드네의 기지로 실타래를 몰래 가지고 들어가 탈출한다. 분노한 미노스 왕은 경고대로 다이달로스와 이카루스를 미궁에 가둔다. 다이달로스는 깃털과 밀랍으로 날개를 만들어 미궁을 탈출한다. 탈출 전, 다이달로스는 이카루스에게 경고한다. 너무 낮게 날면 날개가 물에 젖어 추락할 수 있고, 너무 높이 날면 태양열로 밀랍이 녹아 추락할 수 있다고 했다. 이카루스는 아버지의 경고를 무시한 채 점점 태양을 향해 날아가다 결국 바다로 추락한다. 이카루스 신화는 과거의 성공에 자만하면 그것이 곧 실패의 요인이 될 수 있다는 이야기다.

경영도 마찬가지다. 노키아는 한때 핀란드 전체 수출액의 23퍼센트를 차지하는 초우량 기업인 동시에 탁월한 기술을 확보한 기업이었다. 실제로 노키아는 애플보다 앞서 2005년에 터치스크린 폰을 출시했지만 반응이 시원치 않자 개발을 중단했다. 그러다 나중에 아이폰이 출시되고 유행하자 노키아도 제품을 출시했다. 하지만 이미 늦었다. 버스는 출발했고, 배는 떠난 뒤였다. 소용없었다. 노키아처럼 자신이 성과를 냈던 강점에 집착하여 실패에 빠지는 것을 '성공의 함정' 또는 '이카루스의 역설'이라고 한다.

수학 문제를 풀 때처럼 정답을 찾는 자세로 일하기보다는 이렇게 움직이면 고객이 어떻게 움직일지, 그리고 경쟁사는 어떤 반응을 보일지 탐색하고 이에 대해 반복적으로 대응하는 것이 전략의 적중률을 높이는 첩경이다. 통찰력을 높이고 임의의 해답을 수립함으로써 지속적으로 실험과 도전을 이어나가야 한다. 성과 전략에 정답은 없다. 단지 해답만 있을 뿐이다.

4

성과를 복기하며 실전을 축적하라

성과 복기가
팀원들의 잠재력을 터뜨린다

평가 교육에 앞서 인터뷰를 하면 상당수 팀장들은 부정적인 평가 등급을 팀원들에게 이야기하기가 어렵다고 하고, 팀원들은 형식적인 평가 내용이 아쉽다고 한다.

먼저 팀장 입장에서는 얼굴을 맞대고 일하는 팀원들을 평가하기가 쑥스럽다. 일하면서 충분히 대화를 하는데 따로 팀원들에게 평가 등급과 업무를 이야기하는 것이 낯설다. 대화하며 친근하게 평가하는 법을 배운 적도 없다. 딱 꼬집어 말하기 어려운 부분도 있어 피드백하기가 정말 어렵다. 더군다나 대화하다 팀원이 직접적으로 무언가를 요구하면 "그래, 알아보지"라는 형식적 대응밖에 못한다. 팀장들은 이렇게 생각한다. '좀 더 꼼꼼히 평가하라는데, 무슨 말을 하라는 걸까? 이미 팀원의 평가등급은 결정되었는데, 왜 자꾸 면담을 하라는 건지 모르겠네.' 결국 하나마나한 면담이 이루어진다.

반면 팀원들의 고민은 다르다. 팀원들은 팀장이 자신의 생각만을 강조하는데, 그렇게 말하는 근거도 부족하거니와 업무의 일부분만 보고 뻔하다는 식으로 어쩜 그리 척 보면 다 안다고 하는지 답답할 따름이다. 면담이라고 하지만 일방적으로 평가 결과를 통보하고, 팀별로 평가 등급이 배분되어 있으니 이의를 제기해도 소용없다. 그나마 이런 대화는 좀 나은 편이다. 아예 대화의 기회조차 없는 팀원들은 더 갑갑하다. 팀원들도 회사의 평가제도가 어떻게 돌아가는지 알고 있다. 정말 궁금한 것은 팀원 자신이 앞으로 어떻게 일하면 되는지, 자신의 성장을 위해 어떤 행동을 해야 하는지에 대한 것이다.

팀장은 순위 통보가 부담스럽고, 팀원들은 정해진 결과만 전달하는 팀장이 야속하기만 하다. 이런 어려움은 어느 한 곳만의 문제는 아니다. 그렇다면 왜 평가제도는 제대로 작동하지 않을까?

한번 상상해보자. 애플의 스티브 잡스, 마이크로소프트의 빌 게이츠, 아마존의 제프 베조스, 페이스북의 마크 저커버그, 구글의 래리 페이지, 소프트뱅크의 손정의가 한 팀이라도 그중 한 명은 최우수 등급이고, 한 명은 최저 등급이다. 누군가는 최고 등급이고, 누군가는 최저 등급이다. 답은 팀장의 마음에 있다. 누군지 몰라도 한 명은 회사를 떠나야 할 수도 있다. 어떤 경우에도 팀장은 팀원들이 자신의 업무 현장에서 적합하게 일하도록 이끌어야 한다.

얼마 전 마이크로소프트가 인사평가인 스택 랭킹(Stack ranking)을 폐지했다. 그동안 모든 매니저들은 직원들의 성과를 바탕으로 고

성과자와 저성과자의 순위를 매겼다. 고성과자는 보너스와 승진으로 보상이 이루어지고, 저성과자는 회사를 떠났다. 처음에는 이것이 타당해 보였다. 하지만 시간이 흐를수록 스택 랭킹은 일의 즐거움과 의미를 퇴색시키고, 경제적 압박으로 뒤바뀌었다. 회사의 성과와 일하는 재미를 높이기보다 개개인의 성과와 개인주의를 부추겼다. 모두가 정해진 성과에만 집중할 뿐 새롭게 등장하는 목표나 이슈는 회피했다. 직원들은 장기적 성과보다 1년 단위의 성과에만 집중했고, 회사 전체의 성과보다 자신이 성과를 내기 쉬운 일에 초점을 맞추었다. 또한 협업보다 혼자 하는 일에 매달렸다. 그편이 성과를 내기 쉬우니까 말이다. 현장에서 새롭게 주어지는 목표를 챙기는 팀장과 팀원을 찾기 힘들었다. 왜? 연초에 합의한 목표는 팀원 개인의 목표이고, 월중에 발생하는 긴급한 일의 목표는 자신의 목표가 아니라고 여겼기 때문이다. 이는 더더욱 개인주의를 부추겼다. 상당수의 기업들이 이와 비슷한 양상을 보인다.

평가제도는 협업을 어렵게 만들고, 일의 의미를 퇴색시킨다. 팀장은 어쩔 수 없이 자신의 주관에 따라 팀원들을 평가하며, 팀원의 근무 경력과 일하는 자세 등을 근거로 평가 등급을 매긴다. 연초의 목표 설정, 연중에 실행하는 업무, 연말의 평가가 모두 별도다. 이런 상황에서 팀원들은 목적 중심으로 일하기보다 팀장의 눈치만 보기 바쁘다. 평가제도의 목적은 사라지고, 팀장의 취향과 시키는 일에만 집중한다. 제도의 허점과 팀장의 잘못된 평가제도 사용이 겹쳐졌다. 이쯤 되면 차라리 평가제도를 폐기하는 것이 쉽고 빠른 해결

책 같다.

평가제도가 없다면 어떨까? 아마도 연초에 목표를 설정하지도 않고, 계획을 체계적으로 관리하지도 않는다. 팀원들도 일에 대한 관심이 떨어진다. 객관성이 사라지고, 목소리 큰 사람에 의해 모든 일이 좌우될 수 있다. 공식적인 제도의 부재는 팀장의 편애나 목소리 큰 사람이 혜택을 보는 폐단을 낳을 수 있다. 지금의 평가제도에 필요한 조치는 프로세스를 준수하는 공정함과 팀원의 성과 향상을 꼼꼼히 챙기는 팀장의 역량 제고다.

그렇다면 어떻게 제도의 공정성과 팀원의 성과를 높일 수 있을까? 우리나라 양궁의 올림픽 대표 선발전에서 그 단초를 찾을 수 있다.

우리나라 양궁의 올림픽 국가대표 선발전은 8개월간 진행된다. 선발전은 선수들의 피를 말리는 과정이다. 남녀 전국 랭킹 100위 안에 드는 양궁선수가 각자 총 4,055발을 쏘는 혹독한 선발전을 치른다. 1분에 한 발씩 쏴도 3일 동안 쏴야 하는 양이다. 선발전에서 표적지와 사선을 왕복하는 거리가 182킬로미터다. 마라톤 완주 4.3회에 해당하는 거리다. 선발전 세 차례, 평가전을 두 차례 치른 뒤 최고의 성적을 거둔 세 명만이 국가대표로 선발된다. 혹독한 경쟁을 뚫은 자만이 국가대표의 자격을 얻는다. 실력만으로 선수를 선발하니 올림픽 개인전 2연패를 한 선수가 없다. 지난 런던 올림픽 개인전 금메달리스트 선수도 다음 국가대표 선발전에서 탈락했다. 금메달리스트라고 봐주기는 없다. 실력자가 우글대는 정글에서 믿을 건 실력뿐이다. 낙하산으로 선발되는 것은 말도 안 된다. 철저하게 실력별로 관리한다.

900명 정도 되는 초등학생 양궁 선수를 협회 차원에서 육성하고 지원하고 있다. 유능한 코치에게 막대한 비용을 지불하고 훈련을 받는 사교육의 관행도 없고, 그 과정에서 야기될 수 있는 지연, 파벌도 없다. 실력이 좋으면 선발되고, 그렇지 못하면 탈락이다. 이런 선발전과 지원, 교육의 역사가 30년이 되었다. 그사이 한국 양궁은 올림픽 7연패의 성적을 거뒀다. 양궁 선수들과 지도자들은 국가대표 선발 과정을 신뢰한다. 실제로 선발된 올림픽 국가대표 선수가 슬럼프에 빠져 선수교체론이 나왔지만, 당시 양궁대표팀 총감독은 "교체는 안 된다. 원칙을 지켜줘야 후배들도 선발전 시스템을 믿고 갈 수 있다"고 원칙을 강조했다. 잔인하지만 공정한 선수 선발 과정 속에서 선수의 잠재력을 끌어내는 것이 평가제도의 공정성이 아닐까 싶다.

회사의 평가제도도 마찬가지다. 회사는 단기적으로 순위 경쟁에서 높은 평가 등급을 받는 제도보다 장기적으로 팀원들이 제대로, 제때 일하고 평가를 받으면 보다 나은 실력을 갖출 수 있다는 신뢰를 구축해야 한다. 팀장도 평가 프로세스는 반드시 지키며 팀원들의 신뢰를 얻어야 한다. 성과 복기는 인사 평가의 공정성, 팀원들의 성과와 성장을 이끄는 효율적인 방식이다. 즉, 성과 복기는 팀장과 팀원들이 업무를 실행한 후 함께 목표 달성 여부를 확인하고 시사점을 도출하여 프로세스를 보완하고 팀원의 실력을 축적하여 잠재력을 끌어내는 과정이다.

성과 복기의 대화로 실전을 준비하자

승리한 바둑의 복기는 이기는 습관을 키우고, 실패한 바둑의 복기는 이길 준비를 한다. 성과 복기는 팀원들을 성장시키고, 기대하는 성과와 적중률을 높이는 성과 전략이 무엇인지 해석하는 과정이다.

성과 복기에는 세 가지 원칙이 있다.

첫째, 성과 복기는 일하기 전에 목표와 전략 사이에 연결고리를 설정해야 한다. 예를 들어 밤에 모임을 마치고 회사에서 집에 간다고 하자. 이때 이용할 수 있는 교통수단으로는 택시와 지하철이 있다. 야간에 택시를 타면 걸리는 시간과 가는 길을 가늠할 수 없다. 교통 상황도 예측할 수 없지만 택시기사의 운전 실력, 길을 잘 아는 정도에 따라 회사에서 집까지 도착하는 시간이 들쭉날쭉한다. 지하철은 어떤가? 회사에서 역까지 걷는 시간, 회사 근처 역과 집 근처 역까지의 이동 시간, 그리고 집 근처 역에서 현관 앞까지의 도착 시간 등을 계산하면 예측 가능하다. 예측 불가능하게 설정하면 복기가 어렵다. 그래서 성과 복기는 사전에 목표와 전략을 예측 가능한 수준으로 공유해야 한다.

둘째, 성과 복기의 시작은 인과관계의 탐색에서 비롯된다. 예를 들어 중국 물품을 유통하는 영업팀에서 이번 달 판매 실적이 낮아진 이유로 전략적 미사일 배치인 사드 배치를 찾아냈다면 직접적인 원인이라고 볼 수 없다. 애초의 목적, 기대한 목표와 달성한 성과 간의 차이에서 인과관계를 찾아야 한다. 목표와 성과 간의 차이가 발생한 원인과 시사점을 정리해야 한다. 시사점의 경우 격차가 발생한 원인을 프로세스의 개선과 팀원 실력으로 구분하고 인과관계나 전제조건의 연결고리를 가능한 파악해야 한다. 아무 원인이나 이유를 갖다 붙이면 단순한 핑계일 뿐 결과와 원인의 인과관계가 아니다.

셋째, 성과 복기는 함께 분해해야 한다. 현장의 주요한 원인을 끊임없이 파악하고 정리해야 한다. 원인 중 팀원이 역량을 확보해야 하는 내용들은 팀원의 역량개발계획에 반영하도록 하고, 팀원들은 성과를 내기 위한 지식과 스킬 등을 학습해야 한다.

성과 복기는 총 3단계로 이루어진다.

1단계는 목적 세팅 사전 리뷰다. 목적 세팅 사전 리뷰 단계에서는 팀장이 팀원들과 함께 목적과 목표, 의도와 전략, 실행 계획 등을 공유한다. 즉, 업무가 중요한 이유와 일이 시작된 배경 등의 목적, 업무가 성공적으로 마무리되었을 때 팀장이 기대하는 성공적인 결과, 상황이 예상대로 진행되지 않아도 팀원들이 목표 달성을 위해 서로 힘을 합할 수 있는 팀장의 의도와 팀원이 실행할 계획을 공유한다. 1단계는 팀장이 주도적으로 설명하되, 팀원들이 이해한 내용을 다시 한 번 자신들의 언어로 재정리하여 브리핑한다. 이를 '백브리핑'이라고 한다. 회의를 마치고 나면 자신이 어떤 행동을 취할 것인지 팀장 및 다른 팀원들과 사전에 공유하고 팀원별로 자기 일에 대한 목적과 목표, 전략과 자신이 이해한 팀장의 의도, 실행 계획을 발표한다.

2단계는 1페이지 목표 스케치 등을 통한 현장 실행 리뷰다. 2단계에서는 전 단계에 예상과 다르게 전개된 변경사항과 관심을 끌 이슈 등을 공유한다. 이때는 회의도 좋지만 이메일, 문자 등으로 신속하게 운영한다.

3단계는 사후 성과 복기 리뷰 단계다. 성과 복기 시 팀장은 네 가지 주제와 열두 가지 핵심질문으로 팀원과 매달 한 개의 주제를 세 개의 질문으로 대화하고 정리하도록 한다. '원래 의도한 결과가 무엇인가?' '실제로 성취한 결과는 무엇인가?' '둘 사이의 차이가 있다면 그 원인은 무엇인가?' '아울러 성과를 유지하거나 개선이 필요한 사항이 무엇인가?' 이런 단계를 거쳐 팀장이 얻고자 하는 것은 물론 성공요소와 실패요소를 구분해 향후 성공요소와 실패요인을 예상하고 역량을 개선하는 것이다.

팀장은 한 달에 한 개의 주제, 세 개의 질문, 10~15분 내외의 면담으로 업무 실력을 파악하고 코칭 해야 한다. 이를 통해 팀장은 팀

성과복기 대화 4개 주제와 12개 핵심질문

구분	주제	키워드	핵심질문
1	몰입 관리	직무만족도 의사소통	① 현재 직무만족도에 점수를 매긴다면 몇 점일까? - 나머지 점수를 보완하기 위한 과제는 무엇일까? ② 현재 사기에 점수를 매긴다면 몇 점일까? - 나머지 점수를 보완하기 위한 과제는 무엇일까? ③ 팀내 의사소통에 몇 점을 주겠는가? - 자신이 팀장이라면 어떤 것을 먼저 하겠는가?
2	성과달성 가능성	성과 개선 여지 성과전략 코칭	④ 성과를 높일 수 있는 여지나 가능성은 어디에서 찾을 수 있나? ⑤ 자신(팀원)의 성과를 높이기 위한 핵심성공요인과 예상장애요인은 무엇이라고 판단하나? ⑥ 성과를 높이기 위해 팀장이 어떻게 도우면 되겠는가?
3	성향과 업무	팀원의 성향과 업무간 매칭 여부와 업무 어려움	⑦ 본인의 강점은 무엇이라고 생각하나? ⑧ 본인의 성향과 업무는 서로 매칭이 잘 된다고 판단하나? ⑨ 본인의 성향과 강점은 팀에서 당신의 현재와 미래의 역할에 어떻게 쓰일 수 있겠는가?
4	역량 개발	지원과 성장	⑩ 향후 어떤 전문가로 성장하고 싶은가? ⑪ 목표 달성을 위해 어떤 기술을 배우고 싶은가? ⑫ 비전&목표를 위해 어떤 학습의 기회를 얻고 싶은가?

원들의 업무와 현장을 이해할 수 있다. 또 팀원들은 자신의 임무를 수행하며 닥친 문제를 해결하며 실력을 쌓을 수 있다. 연말의 성과복기 사후 리뷰 시간은 1년 동안 자기 일을 돌아보고, 목표를 달성

했다면 주요 강점을 파악하고, 미달성했다면 놓친 요인이 무엇인지를 파악하고 다음 한 해를 대비하는 시간이다.

앞 도표에 성과 복기 네 가지 주제와 열두 가지 핵심 질문을 자세하게 서술해놓았다.(팀원들과의 성과 복기 대화 네 가지는 3부 매뉴얼에서 보다 세밀하게 안내한다.)

지시와 점검보다 의논과 지지로 일하자

목표를 성과로 바꾸는 것은 팀원들의 마음을 사로잡는 데서 비롯된다. 정성이 담긴 팀장의 작은 관심이 팀원들의 행동을 바꾸고, 전략을 바꾸고, 성과를 바꾼다. 일할 때 전략을 분석하고 원인을 찾는 것도 중요하지만, 더 중요한 것은 팀원들의 마음을 사로잡는 것이다. 성과 복기를 의례적인 회의로 생각하고, 책임 소재를 따지기 위한 장으로 여긴다면 할 필요 없다. 누구도 사람들 앞에서 인민재판 받듯이 책망과 원망을 듣고 싶어 하지 않다. 성과 복기는 서로가 어디에 집중할 것인지 마음을 다해 고민해보는 자리가 되어야 한다.

성과 복기를 할 때 팀장은 도서관 역할을 해야 한다. 팀원들이 일하면서 겪는 문제들에 대한 답을 가르쳐주지 말고, 팀장의 의견을 참조하고 자신의 경험을 정리해서 스스로 찾아보도록 하자. 팀장은 한마디로 같이 지도를 살피며 길을 찾는 도서관의 사서와 같다. "이렇게 해!"가 아닌 "이쪽으로 더 찾아보자"와 같은 식으로 방향에 대한 가이드라인을 정리해서 보여주자. 아울러 일상에서 대화로 배움을 주고받는 것이 팀장이다. 일하면서 친구처럼 편하게 의논하지 못하는 팀장은 가르침을 기대할 수도 없고, 의지할 수도 없다. 그저 무서운 존재일 뿐이다. 성과 복기는 일의 결과를 똑같이 나누자는 뜻이 아니다. 팀장이 스스로 일하는 방법을 다양화해서 팀원 수준으로 내려와 같이 의논하며 일하자는 의미다.

팀원들이 성과를 내야 팀장도 성과를 낼 수 있다. 팀원들에게 똑같은 성과를 나누어주고 서로서로 비교하면서 경쟁시키기보다는 팀원이 성과를 낼 수 있도록 팀장의 코칭 방법을 다양화하자. 팀원들이 일을 파악하는 수준과 일하는 패턴을 고려하여 잘하는 팀원에게는 자율적으로 하도록 존중하고, 자기 고집대로 하여 잘되지 않는 팀원에게는 좀 더 각별한 관심과 한 발짝 다가서는 코칭 방법을 다양하게 만들자.

일을 빨리 쳐내는 것도 중요하지만 그저 빨리 끝내기만 한다고 능사는 아니다. 경우에 따라서는 일을 수행하는 방향, 즉 각도를 어떻게 잡느냐가 더 중요할 수도 있다. 아무리 빨라도 방향을 잘못 잡으면 황망한 성과를 낼 수 있다. 무엇보다 처음에 방향을 어떻게, 어떤 각도로 접근하느냐가 중요하다. 방향이 잘못되면 그 속도만큼 되돌아와야 할 거리가 더 길어진다. 팀장은 잠시 멈추어 서서 어디로 갈지 가늠하고 이를 팀원들과 공유해야 한다.

소설 〈상도〉에서 주인공 임상옥은 억울하게 죽은 아버지의 복수를 위해 '돈을 벌어야 한다'라는 일념에 빠진다. 이런 임상옥을 깨우치기 위해 스승인 홍득주는 "장사란 돈을 벌기 위한 것이 아니라 사람을 얻기 위한 것이다. 장사란 돈을 남기기 위한 것이 아니라 사람을 남기기 위한 것이다"라고 충고한다. 제대로 일한다는 것은 얼마나 많이, 얼마나 빨리 성과를 내느냐가 아니다. 수익도 중요하지만, 수익 외에 육성도 가볍게 볼 수 없다. 팀원들을 수단이 아닌 목적으로 대하자. 서로 핑계 대며 얼굴을 붉히고 뒤돌아서 서로의 뒷담화 하는 것은 결코 함께 일하는 의미가 아니다. 고객에게 더 나은 상품과 서비스를 제공하며 팀장과 팀원들이 서로의 가치를 높이는 것이 일의 목적이다.

5

팀 목표의 퍼즐을 맞춰라

서로 쉬운 일만 맡으려 한다면?

가, 나, 다, 라, 네 명의 영업팀원이 있다. 목표를 나누자니 쉬운 일과 어려운 일이 있다. 어느 정도 안정적 궤도에 올라 매출을 용이하게 달성할 수 있는 일과 새롭게 시작하여 매출을 달성하기 어려운 일이 섞여 있다. 누구나 알다시피 어떤 일을 맡느냐에 따라 성과가 다르다. 어떤 일을 맡을지 회의하는데 서로 쉬운 일을 맡으려 해서 합의가 잘 이루어지지 않는다. 이때 팀장은 어떻게 일을 배분하여 팀의 목표를 달성할까? 팀원들이 해볼 만하다고 느끼고, 모두가 합의하려면 팀장은 어떻게 해야 할까?

'담당의 장막'을 활용하자. 담당의 장막은 팀원들이 각자 어떤 목표를 맡을지 모르는 상태를 의미한다. 팀원 개개인이 어떤 목표를 맡을지 모른다면 목표를 공정하게 나눌 수 있다.

먼저 팀의 목표를 달성하기 위한 다양한 요인을 분석하고 과제를 선정하자. 그 후 팀장은 가, 나, 다, 라, 네 명의 팀원들에게 이렇게 말하면 된다. "팀의 목표를 달성하기 위해 여러분이 실행할 일이 많네요. 이 중에는 쉬운 목표도 있고, 어려운 목표도 있어요. 그러니 나눕시다. 여러분이 합의하여 도출한 과제들을 네 개의 꾸러미로 나누세요. 그러면 그대로 따를 텐데, 대신 나누어진 네 개의 목표 꾸러미를 누가 맡을지는 내가 정하겠습니다."

팀원 네 명은 어느 목표 꾸러미도 불리하거나 어렵게 만들 수 없다. 어느 꾸러미라도 불리하면 자신이 그 불리한 목표 꾸러미를 맡을 수도 있기 때문이다. 담당의 장막은 일방적으로 팀원들에게 자신의 목표를 정하라는 것이 아닌, 팀의 목표를 달성하기 위한 모든 과제들을 정리한 다음 팀원 간의 목표를 서로 합의하여 목표별로 팀원을 배정하는 방식이다.

일방적으로 팀원들에게 목표를 부여하면 불리한 목표라고 여기는 팀원은 애초에 목표를 잘못 받았기 때문에 목표 달성이 어렵다고 판단한다. 어차피 노력해도 이루지 못한다면 실행할 엄두가 안 날 수밖에 없다. 물론 이런 자세는 바람직하지 않다. 팀장들도 임원에게 목표를 강제적으로 부여받으면 잘할 엄두를 내지 못하거나, 노력해봐야 안 될 거라고 푸념을 털어놓지 않는가.

왜 흔히 팀의 목표를 배분할 때 팀원들에게 일방적으로 부여할까? 팀장은 목표를 배분할 때 분할의 오류에 빠지기 쉽다. 분할의 오류는 전체가 어떤 성질을 가지고 있기 때문에 그 부분도 그와 같은 성질을 가지고 있다고 추론하는 오류다. 예를 들어 세계 야구 경기에서 우승한 야구팀이 있다고 할 때 우승팀인 만큼 이 팀이 최강의 팀인 것은 맞지만, 모든 선수가 각자의 포지션에서 최고의 실력을 갖고 있을까? 반드시 그렇지는 않다. 선수 전체의 팀워크가 뛰어나서 우승했다고 보는 것이 더 맞다. 팀의 목표 배분도 마찬가지다. 팀장의 목표도 매출액, 팀원들의 목표도 매출액으로 나눈다면 얼핏 목표를 제대로 배분했다고 판단할 수 있다. 하지만 팀원들은 팀장만큼의 권한이 없기 때문에 팀장보다 목표를 달성하기가 더 어렵다.

어느 전자제품 양판점을 살펴보자. 점장의 목표가 매출액이고, 점원들의 목표도 매출액이라면 어떨까? 점장은 목표를 달성하기 위해 가격 할인 이벤트를 열고 할인율을 조정할 수 있다. 반면 팀원들은 어떤가? 점원들이 스스로 제품의 판매율을 높이기 위해 자신만의 이벤트를 열고, 가격을 조정할 수는 없다. 따라서 점장의 매출액을 점원의 수만큼 n 분의 1로 나누면 합리적인 것처럼 보이지만, 이는 사실 분할의 오류다. 아울러 팀원들은 팀장처럼 업무를 조율하고 협의할 권한이 없다.

팀장은 전체를 볼 줄 아는 눈이 필요하다. 단순히 한 개씩 나눠주기보다 팀원들 각각의 목표가 조합을 이루어 전체 목표가 이루어지도록 해야 한다. 마치 카드섹션에서 카드 전체가 모여야 하나의 그림이 되고, 퍼즐의 조각이 맞아야 하나의 그림이 완성되듯이 말이다.

목표 퍼즐 맞추기로
함께 일하는 즐거움을 찾아라

팀원들이 팀의 목표에 전체적으로 관심을 갖고, 개인의 목표가 팀의 목표 어디쯤에 해당하는지 알고 이를 실행하도록 하려면 팀장은 어떻게 해야 할까? 다바왈라 사례에서 답을 찾아보자.

인도 뭄바이에는 '다바왈라'가 있다. 다바왈라는 인도 말로 '상자 나르는 사람'을 뜻한다. 한마디로 가정에서 준비한 도시락을 개별적으로 모아 직장인의 근무처에 전달하는 도시락 배달부다. 뭄바이에는 다바왈라가 대략 5천 명 정도 있고, 한 달 이용료는 우리 돈으로 5천 원에 해당한다. 120년 전 집밥을 먹고 싶다는 한 영국 회사원의 희망에서 비롯되어 지금까지도 성업 중이다.

다바왈라들은 하루에 대략 20만 개의 도시락을 교외에서 시내로 세 시간 거리를 배달한다. 배달 도시락 1,600만개 중 배달 사고가 한 개 정도 난다니 정확도가 매우 놀랍다. 실제로 1998년에는 6시그마 인증을 받기도 했다. 도시락 배달을 위한 IT시스템과 차량 등의 운송시스템은 없다. 게다가 직원의 85퍼센트가 문맹이다. 세상에서 가장 효율적인 물류체계 중 하나인 다바왈라는 도대체 어떻게 일할까?

다바왈라는 오전 8시 30분부터 가정을 돌며 각자 대략 50~60개의 도시락을 수거해 중간집합지로 모인다. 구역장이 중간집합지에서 도착지를 기준으로 도시락을 재분류하면 팀원인 다바왈라들은 철도를 이용하여 도시락을 사무실에 배달한다. 사무실 근처의 철도역에서 사무실까지는 자전거나 수레 등을 활용한다. 집에서 사무실로 배달하는 과정은 4단계로 이루어지고, 세 시간 내에 완료된다.

다바왈라가 탁월한 성과를 내는 핵심은 두 가지다.

첫째, 문맹인 팀원들을 위한 정보체계를 가지고 있다. 수거지, 가져오는 다바왈라, 이동할 사무실, 중간경유지, 전달하는 다바왈라, 도착할 역 등의 배달코드가 모두 동그라미, 네모, 숫자로 이루어져 있다.

둘째, 조직문화가 탄탄하다. 다바왈라는 5천 루피(우리 돈으로 대략 20만 원)로 자전거와 수레를 구입하여 일정지역을 배당받으며, 중간집합지에서 도시락을 유연하게 나누어서 배달한다. 다바왈라는 체력, 성실함, 사회성, 정확한 시간 개념, 강한 협동이 채용 조건이다. 예를 들어 사고로 다른 다바왈라가 나오지 못하면 서로 구역을 확대하여 도시락을 배달한다. 다바왈라는 팀의 목표를 달성하기 위해 개별로 정해진 일만 하지 않는다. 다바왈라는 도착지를 기준으로 도시락을 재분배하는 업무 분배의 유연성을 갖고 있다. 담당별 고정된 업무가 아닌, 유연한 업무 배분이 전체 관점에서 이루어져 팀원 간의 협업이 가능하다. 이처럼 유연하게 팀의 목표를 배분하려면 어떻게 해야 할까?

팀의 목표 배분은 총 5단계로 이루어진다.

먼저 1단계에서는 팀의 목표를 달성하기 위한 전제조건 또는 원인 등을 정리한다. 즉, 팀의 목표에 영향을 미치는 요인 등을 정리한다. 팀의 목표 퍼즐은 팀의 목표에 영향을 미치는 성과요인을 퍼즐처럼 정리한 집합이다.

2단계에서는 팀의 목표에 영향을 미치는 내·외부적인 모든 요인을 찾아내고, 찾아낸 요인 간의 원인과 결과, 선행과 후행 관계로 구분한다. 여기서 말하는 성과요인이란 팀원들의 성과로, 예를 들어 제안 수, 품질 수준, 리드타임 등이다. 팀장과 팀원들은 팀의 목표 퍼즐로 팀의 목표와 팀원들의 목표에 영향을 미치는 구조를 파악할 수 있다. 또 팀원들의 목표가 팀의 목표와 어떻게 연결되는지, 팀원들 간의 업무 성과가 상호 간에 어떻게 연결되는지 파악할 수도 있다.

3단계에서는 업무 고객을 중심으로 목표를 그룹핑 한다. 팀원들의 목표를 정하는 가이드라인은 두 가지다. 우선 팀의 목표와 팀원들의 목표 간의 인과관계를 살핀다. 예를 들어 A, B, C, D의 네 가지 성과가 있을 때 A는 팀의 목표이고, B, C, D는 팀원들의 목표라면 B, C, D의 증감에 따라 A의 성과가 어떤 식으로 영향을 받는지 파악해야 한다. 이때 가, 나, 다, 라의 요인은 서로 중복되거나 누락되지 않아야 한다. 즉, 나, 다, 라가 팀의 목표 '가'에 영향을 미치며 나, 다, 라가 중복되거나 겹치면 통합해야 한다.

4단계에서는 팀원들을 업무 실력에 따라 배분한다. 일의 본질을 파악하고 전략을 수립하고 실행하는 수준을 근거로 일을 배분해야 한다. 무조건 똑같이 나누는 것이 아니라 일하는 실력에 따라 배분하는 것이다.

5단계에서는 팀장이 가배분한 팀원들의 목표를 팀원들과 합의한다.

정리하면 팀의 목표 퍼즐 맞추기는 팀의 목표에 영향을 미치는 요인을 찾아내고(1단계), 이를 인과관계에 따라 배열하고(2단계), 이를 다시 팀원 수만큼 나누어 그룹핑 하고(3단계), 그룹핑 한 목표를 팀원들의 업무 실력을 근거로 협의하고(4단계), 팀원들이 목표를 서로 합의하여 분류하면 최종적으로 팀장이 어떤 목표를 어떤 팀원이 실행할지 결정하는 것(5단계)이다.

전체 그림을 보지 못하고 부분에만 집중하면 결코 퍼즐을 맞출 수 없다. 일도 마찬가지다. 큰 그림에서 주어진 일이 어디에 해당하는지 모른 체 일하면 분명, 재탕, 삼탕으로 일하게 된다. 목표의 퍼즐 맞추기는 전체 판을 보고 팀목표와 팀원 목표간 전략적 연계를 맞춘다는 의미다. 팀장은 좁게 일하지 말로 협력하여 일하자.

6

질문하고,
대화하고, 요약하라

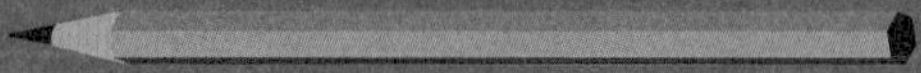

의사소통보다 감정교류가 먼저다

2017년을 대표하는 키워드가 여럿 있지만, 그중 하나는 혼자 먹는 밥을 가리키는 '혼밥'이 아닐까 싶다. 사람들이 혼자 밥을 먹는 진짜 이유는 무엇일까?

언제부턴가 직장상사나 동료와 겸상하는 것이 불편하고 혼자가 편하다고 말하는 사람들이 늘기 시작했다. 밥 먹을 때 자꾸 일 이야기를 해서, 식성이 너무 달라서 등 온갖 그럴듯한 이유들이 등장한다. 어느새 '식사하며 소통하기'는 "밥 먹을 때에는 개도 건드리지 않는다"는 상스러운 속담으로 대체되었다. 그런데 재미있는 건 직장인들이 가장 선호하는 메뉴는 바로 '집밥'이라는 것이다. 집밥이 직장인들이 가장 먹고 싶은 메뉴다. 혼밥이 속은 편하지만 따뜻함을 느낄 수 있는 집밥을 먹고 싶다. 직장인은 혼자가 편하지만 자신을 보듬어주고 소통하는 따스함이 그립다.

한편 회사에서 가장 편하게, 격식 없이 대화해도 되는 곳은 어디일까? 차를 마시는 휴게실? 흡연이 가능하다면 흡연실? 사람마다 차이는 있겠지만 회사에서 편하게 대화하고 토론할 수 있는 곳이 회의실은 아니다. 잘 알다시피 회의실에서는 격식을 갖추고, 말을 조심해야 한다. 아이디어를 냈다가 자칫하면 "그 아이디어 좋네!"라는 서설에 이어 "그거 자네가 한번 해보지!"라는 올가미가 씌워질 테니까.

어쩌다 회의실은 아이디어를 나누고, 의견을 공감하는 곳이 아닌, 조심하고 주의하는 곳으로 바뀌었을까? 회의는 아이디어를 자유롭게 이야기하고 업무 중 궁금한 것을 해소하는 자리가 되어야 하지만, 현실에서는 팀장이 말하면 팀원들은 받아쓰기에 바쁘고, 괜히 눈이 마주칠까 두렵기만 하다. 팀장과 눈이 마주치면 속내와 달리 눈으로 호응해주고 입으로 대답해줘야 하니까 말이다. 종합하자면 상사에게 명확하고 간결하게 일의 내용과 구조에 대해 칭찬받고 소통하고 싶지만, 공식적인 회의에서 자유롭게 말하기는 쉽지 않다.

소통을 할 때 하수인 팀장은 화나는 대로, 생각나는 대로 말한다. 하수 팀장은 팀원들을 화나게 만들고, 결국 갈등을 빚어낸다. 또 중수 팀장은 할 말이 있어도 하지 않고 스트레스를 받는다. 물론 화나는 대로, 생각나는 대로 말하는 것보다 침묵이 낫긴 하다. 적어도 팀원들과의 갈등은 없으니까. 그런데 참는다고 모든 것이 해결되지는 않는다. 침묵하는 팀장은 울화가 치미는 스트레스와 해결해야 할 문제를 쌓아둔다. 중수의 방법도 그리 좋지는 않다. 한편 고수 팀장은 문제를 찾고 해결 방법을 팀원들과 같이 의논한다. 옳고 그름이나 잘잘못을 따지기보다 우선 해결에 집중한다. 시시비비보다 문제 해결을 우선시한다.

팀원들이 함께 의논하고 말하고 싶도록 하려면 팀장은 어떤 자세로 말해야 할까? 팀장에게 필요한 대화 자세는 세 가지다. 바로 과거에 있었던 일에 대해 잘한 것과 잘못한 것을 따지는 판사의 자세, 현재의 일에 대해 잘한 것과 아쉬운 것을 논하는 비평가의 자세, 미래의 목표와 전략을 의논하는 컨설턴트의 자세다. 물론 눈앞에 있는 일의 원인을 찾기 위한 판사의 자세도 필요하지만, 가능한 미래에 관해 질문하고 대화하는 컨설턴트의 자세가 더 중요하다.

팀장이 시시비비를 논하는 판사의 자세만 취한다면 어떤 팀원도 의논하기를 꺼릴 것이다. 팀원들이 무슨 말을 하든 대안이나 방법을 찾기보다 잘잘못을 낱낱이 들추기에 바쁠 테니 말이다. 잘한 점과 부족한 점은 월말, 연말의 성과 복기 때 이야기하는 것이 좋다. 이때 공개적인 자리보다는 둘이서 좀 더 여유 있게, 일을 끝내고 조용히 하도록 한다. 그리고 잘한 점과 부족한 점은 개인의 실수가 아닌 프로세스를 보완하고 역할을 개선하는 기회로 삼자.

질문이 생각과 성과를 키운다

모든 질문에는 답이 있다. 그리고 잘못된 질문은 잘못된 답을 끌어낸다. 셰르파가 히말라야의 등반대를 이끌고 길을 안내하듯이, 질문은 해답을 찾아가는 길잡이이자 실마리다. 셰르파 없이 에베레스트를 올라갈 수 있을까 싶을 정도로 그의 역할은 중요하다. 마찬가지로 질문은 업무를 하는 데 있어서 더 나은 대안을 찾아가는 여정의 셰르파다. 이처럼 중요한 질문이 팀장들을 대상으로 하는 강의에서는 제대로 작동하지 못할 때가 있다. 많은 팀장들이 강사에게 질문하고, 자신의 경험에 대해 이야기하는 것을 거북스러워하기 때문이다.

왜 팀장들은 질문과 대화를 어려워할까? 그 이유를 알려줄 일화가 있다.

G20 서울정상회의에서 있었던 일이다. 당시 오바마 대통령은 폐

막 연설 직후 한국 기자들에게 별도의 질문시간을 배려했다. 오바마 대통령이 "한국 기자들에게 질문권을 드리고 싶군요. 정말 훌륭한 개최국 역할을 해주셨으니까요. 누구 없나요?"라고 말하는 순간 기자회견장은 정적에 빠졌다. 잠시 후 오바마 대통령의 목소리가 회의장을 채웠다. "한국어로 질문하면 아마도 통역이 필요할 겁니다. 사실 통역이 꼭 필요합니다."

웃음이 퍼지는 사이 한 기자가 손을 들고 오바마가 응대했다. 기자는 마이크를 잡고 유창하게 질문했다. "실망시켜드려서 죄송하지만, 저는 중국 기자입니다. 제가 아시아를 대표해서 질문해도 될까요?" 그러나 오바마는 중국 기자의 말을 받아쳤다. "공정하게 말해서 저는 한국 기자에게 질문을 요청했어요. 그래서 제 생각에는…"이라고 말하는 사이에 중국 기자가 주변을 둘러보며 "한국 기자들에게 제가 대신 질문해도 되는지 물어보면 어떻겠습니까?"라고 되받아쳤다. 오바마 대통령은, 그건 한국 기자들이 질문하고 싶은지에 따라 결정된다면서 "아무도 없나요?"라고 연달아 물었다. 오바마 대통령과 중국 기자 간의 설전에 어떤 한국 기자도 손을 들지 않았다. 머쓱해진 오바마 대통령, 결국 질문권은 중국 기자에게 넘어갔다.

왜 한국 기자들은 질문을 하지 않았을까? 아마도 한국 기자들은 분위기를 망칠까 우려하는 동시에 질문을 하면 자신의 수준이 드러나지 않을까 고민했을지 모른다. 이처럼 우리는 질문에도 정답이 있다고 생각한다. 질문하는 데 익숙하지 않은 사람은 단순한 호기심에 의한 질문보다 상황에 어울리거나 자신의 수준을 돋보일 수 있는 질문을 해야 한다고 생각한다. 질문은 일종의 고역이다. 어느 범위까지 질문이 허용되고, 어떤 식으로 질문해야 하는지, 어떻게 해야 질문을 해야 잘하는 것인지 판단이 서지 않는다.

교육에 참석하는 팀장들도 질문을 어렵게 여긴다. 강사에게 질문하는 시간이 어색하고, 또 질문에 대답하기도 어렵다. 그래서 몰라도 아는 척 가만히 있는다. 그저 강의를 묵묵히 듣기만 한다. 궁금한 것이 있어도 질문하지 않으니 결국 자신의 문제는 해결되지 않는다.

듣기만 하는 강의보다 대화하는 강의가 더 효과적이다. 미국교육협회에서 조사한 바에 따르면 조용히 듣고 있는 강의의 경우 24시간이 지난 뒤 5%만 기억에 남는다. 반면 질문하고 이야기하는 강의의 경우 24시간 뒤 90% 이상을 기억한다. 더욱이 조용히 듣는 강의는 15분 이상 계속되면 TV를 볼 때처럼 고요하고 나른한 상태에 빠진다. 질문하고 대화해야 한다. 궁금하면 질문해야 한다. 그런데 많은 사람이 그저 참는 연습을 한다.

생각해보자. 강연장에서 질문하지 않는 팀장이 일하는 현장에서는 질문을 하고, 팀원과 대화를 할 수 있을까? 회의실에서 여러 가지 업무 이슈를 논의하다가도 자신이 잘 모르는 용어나 상황이 생겼을 때 질문을 할 수 있을까? 심지어 질문 대상이 임원이라면, 자신이 이해하지 못하고 있는 내용을 선뜻 질문할 수 있을까? 팀원이 팀장에게 모르는 내용이나 의도를 질문하고 되묻는다면 과연 분위기가 어떨까? 용어를 설명해달라는 모습, 상황을 되짚어보는 모습 등은 현실에서 만나기 힘들다. 대부분 궁금한 것이 있어도 아는 척 가만히 있는다. 왜 이 일을 해야 하는지, 또는 회의실에서 나가자마자 가장 먼저 무엇을 해야 하는지 몰라도 일단 이해하는 척한다. 만약 용기를 내어 질문을 해도 '뭐 저런 질문을 하지?' 하는 다른 팀원들의 비아냥거림과 따가운 눈총이 화살처럼 자신에게 꽂힘을 느낀다. 질문은 튀는 행동이며, 그저 가만히 듣고 있는 것이 미덕처럼 여겨진다.

상당수의 회사에서도 질문하고 대화하기보다 알아서 대안을 가져오는 사람을 일 잘하는 직원으로 생각한다. 일의 충분한 목적과 어떤 결과물을 가지고 와야 하는지에 대한 이미지가 제시되지 않아도 1안, 2안, 3안을 정리하고 장단점과 기대효과를 정리해서 시장의 좌판처럼 펼쳐야 한다. 그러다 보면 시간은 시간대로 들고, 대안 수립에 두루뭉술한 상사가 야속하기만 하다. 그저 윗사람의 지시대로 일사불란하게 실행하는 것만이 정답이다. 생각 따위는 필요 없다. 시키면 시키는 대로 하고, 하자면 하자는 대로 한다. 그래서 우리는 주어진 일, 해본 일에 대해서는 천재적이지만, 새로운 일 또는 어떤 일을 찾아서 새로운 생각을 해보라고 하면 갑자기 천치가 되는 듯하다. 해본 적 있는 일은 잘하지만, 낯선 환경에 처하면 헤매고 마는 것이다.

그렇다면 팀장이 긍정적이고 미래 지향적으로 소통할 수 있는 방법은 무엇일까?

서로의 관점을 섞고 납득할 수 있는 대안을 모색하는 토크샵을 활용하면 좋다. 토크샵은 일과 관련된 다양한 의견을 개진하고 의사결정을 하는 장이다. 토크샵은 단순히 정보를 공유하거나 의견을 주고받는 회의를 넘어 궁금한 점을 해소하는 질문과 대화의 장이다. 팀원들이 현장에 적용하며 부딪힌 문제들을 사전에 질문으로 만들어 회의에서 의제로 상정하고, 상호 간에 해결을 위해 노력하는 토의의 장이다.

토크샵은 주로 요약, 질문, 대화로 이루어진다. 요약은 추상적인 상황을 구체화시키는 작업으로, 현재 상황이나 이슈를 한마디 단어로 표현하고 설명하도록 하는 것이다. 팀원들을 회의나 대책 수립에 참여시킬 때 효과적인 방법이다. 도크샵에 참석한 모두에게 주제와 관련해 떠오르는 이미지나 내용을 한 단어로 적어보도록 하자. 그리고 이것을 분류한 다음, 키워드를 장점과 단점, 또는 대상과 단계 등으로 구분하여 정리한다. 수집된 키워드들 간의 관계를 화살표로 연결하면 원인과 결과의 관계도 보이고, 영향을 미치는 주요 원인도 찾을 수 있다. 팀원들과 함께 키워드를 모으고 분류하는 과정에서 현황을 파악하고 대책을 수립하는 큰 그림이 만들어진다.

팀장의 질문은 모르는 정보나 답을 묻는 것이 아니라 팀원들의 사고를 적극적으로 자극하는 일종의 문제 제기여야 한다. 사람들은 질문을 하면 답을 찾고자 하는 습성이 있다. 팀장은 정보와 답을 얻기보다 사고를 전환하는 질문을 던져야 한다. 한마디로 뒤통수를 탁 치는 질문이 필요하다. 팀원들이 평소에 생각해보지 않은, 질문을 들으면 궁금해지는 질문을 던지자. "왜 고객은 이런 것을 요구할까?", "애초에 무슨 목적에서 시작되었나?" "경쟁사에는 왜 우리보다 더 많은 히트상품이 있나?" 등은 팀원들이 현장에서 실행에 집중하다 놓치기 쉬운, 근본을 묻는 질문들이다.

팀장은 회의에서 핵심질문을 던져야 한다. 팀원들이 방법에 집중하거나 실행에 초점을 맞출 때 일의 본질과 자기 업무의 가치가 무엇인지 깊숙이 찌르는 질문을 던져야 하는 것이다. 회의의 목적을 하나의 질문으로 만들어보자. "A사의 경쟁력은 무엇인가?"와 같은 큰 카테고리를 정하면 수많은 질문이 쏟아진다.

팀원들에게 질문할 때에는 운영 질문, 비교 질문, 가치관 질문을 활용해야 한다.

먼저 운영 질문은 기초적인 질문으로, 알고 있는 것을 논리적으로 설명하도록 유도하는 질문이다. 예를 들어 팀원들에게 전월의 성과를 복기시킬 때 "전월의 성과는 무엇이었지?", "전달의 성공요인은 무엇이지?" 등과 같이 질문함으로써 팀원들에게 지난달 성과를 달성했을 때의 기억을 떠올리도록 할 수 있다.

다음으로 비교 질문은 둘 이상을 비교하거나 종합하여 장점과 단점, 특징 등을 비교하는 질문이다. 예를 들어 시장 X와 Y를 비교한다면 "X와 Y는 뭐가 다르죠?"와 같은 질문으로 대상과 내용을 좁혀갈 수 있다. 팀원들에게 무엇인가를 제안할 때에는 타깃을 좁히는 것이 좋다. 즉, "고객은 누구지?"라는 질문에서 고객의 속성, 연령, 성향 등의 속성을 묻는 질문으로 이동해야 한다. 그러면서 고객의 고민, 가치관, 우리에게 바라는 바 등 내면적인 면을 묻는 질문으로 깊숙이 들어가다 고객이 우리 제품을 이용하는 용도, 목적 등은 무엇인지를 물으며 타깃을 이동해야 한다. 이런 질문은 팀원들로 하여금 생각을 불러일으키고, 답이 아닌 답을 찾아가는 길라잡이가 된다.

끝으로 가치관 질문은 가치관과 태도를 고려하여 대답을 유도하는 것이다. 예를 들어 팀원들의 의견을 듣고자 한다면 "당신이 저 담당자라면 어떻게 하시겠어요?", "우리 주변에서 저런다면?", "할 수 있는 것은 무엇이 있나요?"라고 묻는 식이다. 가치관 질문을 통해 팀원들의 평소 생각과 의견 등을 알 수 있다. 구체적인 상황보다는 영화나 신문기사 등을 이용하면 보다 솔직한 의견을 들을 수 있다.

팀원들과의 대화에서는 다수의 의견과 소수의 의견을 구분하거나, 다수의 고민 또는 소수의 고민으로 구분하고 이를 근거로 어떻게 실행할 것인지를 결정해야 한다. 회의에서 무조건 개별 의견을 묻기보다는 포스트잇에 5분 동안 의견을 쓰고 포스트잇을 벽에 붙인 채 다른 사람에게 의견을 설명하도록 해보자. 키워드를 쓰고, 발표하는 동안 상대방의 의견을 충분히 정리하고 설명하면 팀원 간의 의견이 통합된다.

회의는 대부분 다수의 의견에 따라 의사결정이 되기는 하지만, 남다른 의견이나 소수 의견도 경청하는 배려가 필요하다. 중요한 것은 사회자인 팀장이 팀원들 모두의 의견을 듣고 팀원들의 의견을 유사한 내용끼리 묶어내는 과정이다. 그 속에서 새로운 아이디어가 만들어진다.

질문, 요약, 대화의 집단지성을 활용하려면 다음의 두 가지 주의 사항을 기억해야 한다.

첫째, 모두가 사전에 과제나 일에 대한 지식을 갖추고 열린 자세로 임해야 한다. 일에 대한 사전 지식이나 내용을 이해하지 못한 채 회의에 참석하면 수박 겉핥기식의 아이디어가 나올 수밖에 없다. 사전 지식이 부족하면 이전 경험을 바탕으로 똑같은 이야기만 하거나, 다른 사람에게 질문만 한다. 자신의 주장과 고집을 구분하고, 다른 사람의 설득에 승낙하는 열린 자세를 가져야 한다.

둘째, 팀장은 벌어진 일에 대한 해답을 제시하는 디렉터가 아닌, 모두의 의견을 듣고 대화하며 의구심을 없애고 정리하는 코디네이터 역할을 해야 한다. 디렉터형 리더는 업무 상황을 체계적으로 체크하고 분명한 방향을 제시하는 리더이고, 코디네이터형 리더는 팀원들이 고루고루 발언하고 의사결정에 참여할 수 있도록 기회를 배분하고 팀의 의견을 모아 함께 이끌어가는 중개자로서의 리더다.

마이클 에브라소프 미 해군 사령관은 최신 전함을 질문 하나로 혁신한 것으로 유명하다. 그가 부임하며 문제점투성이의 최신 전함의 조직력을 혁신적으로 개선했다. 그전까지 장병들의 30퍼센트가 복무기간을 채우지 못하고 2차 순항 훈련을 가면 50퍼센트 이상 그만두었는데, 마이클 사령관이 부임한 후에는 그만두기는커녕 모든 승무원이 3차 순항훈련까지 100퍼센트 지원했다.

부임 후 그는 300명의 승무원들을 상대로 개별면접을 실시했다. 질문은 단 세 가지였다.

만족스러운 점은 무엇인가?
불만스러운 점은 무엇인가?
권한이 주어진다면 고치고 싶은 것은 무엇인가?

그는 승무원의 의견을 듣고 타당하면 그 자리에서 고쳤다. 그리고 일이 잘 풀리지 않으면 자신에게 다음과 같은 질문을 던졌다.

지시사항은 명확하게 전달했나?
필요한 자원과 시간을 주었나?
팀원들이 임무를 완성할 수 있도록 충분한 교육과 훈련을 지원했나?

그는 마지막에 결재를 할 때에도 다시 질문을 했다.

왜 이 방식인가?
다른 방법은 없는가?
다른 각도에서 한 번 더 생각해보자.

어떤 두 사람이 자동차로 낯선 도시를 함께 여행했다. 한 사람은 운전석에, 다른 사람은 조수석에 앉았다. 여행이 끝난 후 그들이 여행한 도시에 관해 질문하자 운전석에 앉은 사람과 조수석에 앉은 사람 간의 정보 차이가 4.7배나 났다. 운전자는 여행의 주체자로서 거리의 구조, 건물, 신호등을 꼼꼼히 살피며 주도적으로 여행했지만, 조수석에 앉은 사람은 눈앞에 전개되는 광경을 수동적으로 구경했기 때문에 정보가 현저히 떨어졌다. 질문은 자발적인 동기부여를 이끄는 가장 좋은 방법이다. 지시와 점검은 팀원들을 수동적으로 만들고, 질문은 고민하고 행동하게 만든다. 질문의 크기가 곧 성과의 크기다.

창의력은 답이 아닌
질문에서 비롯된다

포스트잇, 스카치테이프 등으로 유명한 3M의 대표적인 이미지는 '창의성'이다. 3M은 매년 수백 가지의 아이디어에 기반을 둔 신제품을 만들어낸다. 3M의 연매출 30퍼센트는 4년 전에 존재하지 않았던 신제품에서 나온다.

3M에서는 직원들에게 두 가지 격언을 강조한다. 하나는 "누가 어떤 제안을 하더라도 신제품에 대한 아이디어는 죽이지 말라. 그리고 그 아이디어가 아니다 싶더라도 아이디어는 죽이지 말고 잠시 물러나서 생각해보라"이다. 다른 하나는 "선장은 피가 나올 때까지 입술을 깨문다"이다.

3M은 새로운 아이디어를 내기 위해 업무시간의 15퍼센트를 아이디어 발굴에 활용하도록 한다. 그래서 일주일에 하루 정도는 자유시간을 부여한다. 15퍼센트 룰의 도입은 어렵지 않다. 과감하게

도입할 수 있다. 과감하게 말이다. 하지만 두 번째 격언은 다르다. 과연 우리는 15퍼센트 룰을 도입하고 스카치테이프와 포스트잇이 나올 때까지 기다릴 수 있을까? 입술에 피가 나올 때까지 말이다.

원래 "선장은 피가 나올 때까지 입술을 깨문다"는 말은 미군 해군사관학교의 격언이다. 졸업하기 전 실전 운항에서 선장인 교관이 키를 놓고 뒤로 물러서면 생도들이 운항을 맡는다고 한다. 하지만 마음을 놓을 수 없으니 뒤에서 묵묵히 지켜본다. 그런데 과연 그저 묵묵히 지켜볼 수 있을까 싶다. 입이 근질근질하고 손이 움찔움찔한 상황 속에서 입술을 깨물어 그 붉은 피가 제복을 적실 정도로 리더의 역할은 어렵다.

아무 노력도 하지 않았는데 어느 날 문득 창의적인 생각이 떠오르지는 않는다. 창의성은 팀원들 사이의 자극과 계기에서 비롯된다. 이때 팀장이 팀원들 간의 소통을 어떻게 긍정적인 방향으로 이끄느냐가 관건이다.

7

다른 동기로
같은 마음을 먹게 하라

갑(甲)이 활보하는 우리들의 일그러진 직장

종종 팀원들을 자신의 성과를 달성하기 위한 수단으로 여기는 권위주의적인 팀장들과 마주친다. 갑(甲)의 위치에서 팀원들을 을(乙)처럼 대하는 팀장들의 특징은 크게 다섯 가지다.

첫째, 팀원들의 자율성을 보장해주지 않는다. 무조건 팀원들의 자율성을 보장하자는 것은 아니다. 업무 숙련도가 높거나 자기 관리가 뛰어나고 목적 지향적으로 일한다면 자율권을 보장해주자. 하지만 갑(甲) 팀장은 팀원들의 특성을 구분하지 않고 시시콜콜한 내용까지 지시를 내린다.

둘째, 갑(甲) 팀장은 빈번하게 업무 진행상황을 점검하지만, 문제가 발생하면 제대로 지원해주기보다 판사의 자세를 취한다. 의논하고 상담하여 대안을 모색하기보다 잘잘못을 따지며 책임 소재를 밝히려 한다.

셋째, 갑(甲) 팀장은 자신의 체면 살리기에 집중한다. 갑(甲) 팀장은 문제가 발생하면 팀 전체의 아이디어나 힘을 모아 문제를 해결하기 위한 대화의 장을 열기보다 팀원들에게 책임을 묻고 자신은 면피하기에 급급하다. 그래서 갑(甲) 팀장과 일하는 팀원들은 문제가 생기면 감추고 눈치 보느라 바쁘다.

넷째, 갑(甲) 팀장은 업무와 관련된 정보조차 팀원들에게 제대로 전달하지 못한다. 업무를 처리할 때 공식적인 회의에서 이루어지는 정보와 비공식적으로 이루어지는 팀장 간의 대화, 경영진의 의중, 고객의 요구사항 등을 통해 얻게 되는 정보가 있다. 하지만 갑(甲) 팀장은 기분에 따라 팀원들에게 업무와 관련된 비공식적인 정보를 알려주거나, 비공식적인 정보를 자신의 권위를 내세우는 도구로 활용한다.

다섯째, 갑(甲) 팀장은 자신이 갑(甲) 팀장인 걸 모른다. 위의 네 가지 특징이 다 있음에도 자신이 갑질 하는 줄 모른다. 한마디로 자기 성찰이 없다. 더 경악스러운 건 "그래도 내가 갑질은 안 하잖아?"라고 반문한다. 갑(甲) 팀장은 못났다. 갑(甲) 팀장은 팀원들에게서 일할 동기를 빼앗고, 장기적으로는 시키면 시키는 대로 일하는 로봇 팀원과 항상 피해의식에 시달리는 찌질한 을(乙) 팀원을 길러낸다.

상당수의 사람들이 동기를 높이는 데 당근과 채찍이 효과적이라고 믿는다. 당근은 성과에 따라 보상하면 일에 대한 몰입도가 올라가고, 성과를 높이기 위해 더욱 노력하게 된다는 인센티브 제도나 성과급 제도 등을 가리킨다. 채찍은 성과 달성에 미흡하거나 규정을 준수하지 못했을 때 이에 상응해 내리는 처벌이나 규제 등을 가리킨다. 그런데 당근과 채찍이 반드시 효과적인 것은 아니다. 당근과 채찍에도 맹점이 있다. 미국의 심리학자 레오 크레스피는 당근과 채찍이 효과를 내려면 그 강도가 점점 세져야 한다고 주장한다. 다시 말해 보상의 효과는 이전에 비해 얼마나 강한가에 달려 있다는 것이다.

예를 들어 아이가 시험에서 좋은 점수를 받을 때마다 상을 주기로 했다고 하자. 처음에 1만 원짜리 선물을 했으면, 다음 시험에서는 1만 원 이상의 선물을 준비해야 아이가 더 높은 점수를 받을 이유를 찾는다. 만약 선물을 받다가 못 받으면 더욱더 실망감이 커지면서 시험에 무관심해진다. 채찍을 통해 행동을 끌어내려 할 때에도 강도가 점점 세져야 한다. 특히 어떤 행동을 이끌어내기 위해 체벌의 강도가 점점 세져야 한다면 부모와 아이 모두 패배자가 되는 치킨게임을 하는 것과 같다.

팀원들이 동기부여를 받는 단계는 3단계이다. 1단계는 만족 단계다. 즉, 안전한 근무환경, 일을 잘할 수 있는 수단이나 자원, 훈련, 효과적인 커뮤니케이션, 노력에 따른 정당한 보상 등이 충족되는 단계다. 2단계는 몰입 단계다. 즉, 스스로 동기를 부여하며 일을 찾아서 하는 단계다. 3단계는 다른 직원들이 동기부여를 받은 직원들의 모습을 배우고, 결국 전 직원이 몰입하고 동기부여를 받는 단계다. 한 컨설팅사가 12개 업종, 300여 개의 회사를 조사한 결과에 따르면 1단계에 해당하는 기업은 60퍼센트, 2단계에 해당하는 기업은 20퍼센트, 3단계에 해당하는 기업은 20퍼센트로 나타났다.

그렇다면 팀원들은 어떤 동기가 있을 때 스스로 목표를 성과로 바꾸기 위해 움직이고, 일에 대한 목적을 이해하려 노력할까? 팀원들이 갖고 있는 동기에는 어떤 종류가 있을까? 팀원들은 평소 어떤 동기에 의해 움직일까?

동기는 행동을 일으키는 심리적 요인으로, 내재동기와 외재동기로 나눌 수 있다. 일의 결과에 따른 금전이나 승진 등을 위해 행동하는 것은 외재동기이고, 그 일 자체가 좋아서 하는 것은 내재동기다. 내재동기는 자기 일에 대한 자부심과 자기 일에 대한 의미, 성취감 등을 내포한다.

예를 들어 워커홀릭에는 두 가지 종류가 있다. 하나는 일 자체가 너무 좋고, 일밖에 할 게 없어서 하는 사람이다. 다른 하나는 회사가 좋아서, 아니 정확히 말하면 믿을 게 회사밖에 없어서 일에 매달리는 사람이다. 이 둘은 비슷한 듯하면서도 다르다. 전자는 내재동기이고, 후자는 외재동기이다. 일이 좋은 사람은 일이 주는 쾌감을 즐긴다. 하지만 회사만 믿는 사람은 회사가 주는 안정감을 믿는다. 헌신해봐야 헌신짝만 된다. 회사에 주인정신을 갖고 있다는 사람이 있다면 정신 차리라고 말하고 싶다. 내재동기와 외재동기는 다르다.

팀원들의 업무 성향은 성취 지향적 성향과 안정 지향적 성향으로 구분된다. 컬럼비아대학교 동기과학센터에 따르면 성취 지향적 성향을 갖고 있는 사람들은 긍정적인 면을 크게 보고 목표를 무언가를 얻거나 발전하기 위한 기회로 여긴다고 한다. 다시 말해 이들은 성과를 내면 얻게 될 혜택과 보상에 초점을 맞춘다. 주로 이기려고 게임을 하고, 낙관론과 칭찬에 잘 반응하고, 모험에 뛰어들거나 기회를 붙잡을 가능성이 높으며, 창의성과 혁신 능력이 뛰어나다. 그러다 보니 실수를 범하기 쉽고, 다양한 가능성을 파악할 여지가 적으며, 일이 잘못될 때를 대비하지 않는다. 한편 안정 지향적 성향은 책임을 완수하고, 안전을 유지하려고 목표를 추구하는 유형이다. 반면 안정 지향적 팀원은 뭔가 잘못될 수 있다는 사실을 늘 염두에 두고 안정감을 중시한다. 이 유형은 칭찬이나 박수보다 비판이나 실패에 대한 두려움 때문에 적극적으로 행동한다. 현 상태를 유지하길 원해 모험을 감수하지는 않지만, 업무 결과는 빈틈없고 정확하며 주도면밀하다.

내재동기, 외재동기와 안정 지향적 성향, 성취 지향적 성향으로 구분하면 다음 도표와 같이 네 가지 유형의 동기부여 포인트를 만들 수 있다.

성향과 동기의 매트릭스

구분	내재동기	외재동기
성취지향적 성향	유형 1 일의 의미, 자기 성장 기회, 학습 기회, 개인비전 실현 등	유형 2 성과급, 승진, 팀장의 인정, 동료의 칭찬 등
안정지향적 성향	유형 3 자기 일의 오너십, 적정한 의견존중, 심리적 안정감 등	유형 4 다른 팀원의 존중, 외부 스트레스 제거, 규칙적 생활

1번의 유형에 해당하는 팀원은 일의 의미, 자기 성장에 대한 동기, 학습의 기회, 팀원의 비전 실현 등을 중시한다. 2번 유형에 해당하는 팀원은 성과급, 승진, 팀장의 인정, 동료들의 칭찬 등을 중시한다. 3번 유형은 자기 일의 오너십, 적정한 의견 존중, 심리적 안정감 등을 중시한다. 4번 유형은 팀장의 인정, 다른 팀원의 존중, 외부 스트레스 제거, 규칙적 생활 등을 중시한다.

팀장은 활이고,
팀원은 화살이다

팀장은 여러 유형의 팀원들을 어떻게 즐겁게 일하도록 할 수 있을까?

첫째, 팀원들에게 의미 있는 일을 부여하거나 일에 의미를 부여하자. 성취 지향적 업무 성향을 갖는 팀원들은 의미 있는 일에서 조금씩이라도 성취하는 느낌이 들면 동기부여를 받는다. 성향과 동기의 매트릭스에서 주로 유형 1, 유형 2의 팀원이 여기에 해당한다. 이들은 원하는 목표를 달성하기 위해 요구되는 업무를 스스로 계획하고 실행할 수 있다고 믿는다. 따라서 목표를 달성할 때마다 '난 역시 된다'는 성취감을 지속적으로 높여간다. 이들은 반복적이고 프로세스가 정해진 목표보다 유연하고 프로세스가 정해지지 않은 목표에 더 몰입한다. 아울러 성취 지향적 업무 성향을 갖는 팀원들은 칭찬, 존중도 중시하므로 협업의 목표에도 열과 성을 다하며 팀의 목표 달성에 의미 있는 성과를 올린다. 이들은 팀장의 관심을 많이 받는 일에도 의미를 둔다. 목표의 크기가 중요한 것이 아니라 팀장이 얼마나 관심을 갖는지가 중요한 것이다. 자신에게 의미 있는 사람에게서 칭찬과 존중을 들으면 그 일의 의미가 더 커진다.

위험을 줄이고 장애물을 없애는 것도 팀원들에게는 동기부여가 된다. 한 연구조사에 따르면 부정적 사건은 긍정적 사건보다 영향력이 다섯 배나 강하다고 한다. 즉, 타인에게 얻은 좌절감이나 부정적 의견은 영향력이 다섯 배나 큰데, 좌절과 부정적 의견은 불만을 더 늘리고 동기를 더 많이 감소시킨다. 주로 안정 지향적 업무 성향을 가진 유형 3, 4의 팀원들은 좌절이나 부정적 사건에 의해 동기부여가 좌우된다. 이들은 주로 자기 의견이 무시되거나 자기 일의 오너십을 빼앗기면 더욱 좌절하고 동기를 잃는다.

둘째, 필패신드롬을 없애고, 기대의 힘을 불어넣자. 필패신드롬은 팀장이 특정 팀원을 무능하다고 여기면 이 팀원의 행동에 하나하나 개입하게 되고, 팀원은 팀장의 개입과 간섭으로 점점 더 위축되는 것을 말한다. 그러다 보면 나중에는 팀원도 자신의 일하는 실력을 의심하게 된다. 이런 악순환이 반복되면 팀장과 팀원은 서로 돌이킬 수 없는 지경에 이른다. 결국 "못한다! 못한다!" 하는 말과 간섭이 정말로 일 못하고, 위축된 팀원을 만든다. 본래 유능했던 팀원도 팀장이 자꾸 무능한 사람 취급을 하면 업무 역량이 떨어지고 의욕을 상실한다. 필패신드롬은 이렇게 무능한 직원으로 변해가는 것을 가리킨다. 이는 처음에 프랑스 인시아드대 장 프랑수아 만조

니 교수와 장 루이 바르수 교수가 주장했다. 한마디로 팀장에게 찍히는 것이다. 찍힌 팀원들은 팀장에게 할 말이 있어도 말하지 않고 동료들에게 불평과 불만을 늘어놓고, 서로 간의 핑계가 양산되는 필패신드롬의 늪에 빠지기 쉽다. 그러다 보면 팀 전체가 불평, 불신, 불만의 늪에 빠진다.

어릴 때에는 부모가, 학교에서는 선생님이, 회사에서는 상사가 자신을 어떻게 생각하고 대하느냐에 따라 영향을 받는다. 팀원들은 팀장이 자신을 어떻게 보느냐에 따라 영향을 받는다. 또 회사에서 팀장이 자신을 믿어주지 않으면 의욕을 잃는다. 그래서 상사의 섣부른 판단은 매우 위험하다. 이와 반대로 선한 기대와 신뢰가 높은 능력과 좋은 성과로 이어지는 것을 '기대의 힘'이라 한다. 팀장의 판단과 기대에 따라 팀원들의 능력을 꽃피울 수도 있고, 이번 직장에서 필패의 늪에 빠질 수 있다. 팀장은 활이고, 팀원은 화살이다. 팀장이 유도하는 방향에 따라 팀원들은 긍정적으로 날아갈 수도 있고, 부정적으로 움츠릴 수도 있다.

그렇다면 어떻게 팀원들에게 긍정적인 기대의 힘을 불어넣어야 할까? 팀은 다양한 사람들로 이루어져 있다. 마찬가지로 사람은 하나의 특징만을 갖지 않고, 많은 강점과 약점을 가지고 있다. 스케줄링에 능하고 정해진 방법만을 고수하는 것이 장점인 반면 단점일 수도 있다. 중요한 것은 팀장이 업무의 본질에 팀원들의 강점을 얼마나 잘 배치할 수 있느냐 하는 것이다. 팀장은 팀원들의 강점을 파악하고 이를 끌어내어 포텐을 터트릴 수 있는 업무를 찾아 선물하

자. 이것이 일에서 재미를 찾고 의미를 키우는 방법 중 하나다.

다음 도표에 팀원의 강점에 따라 어떤 업무를 맡기는 것이 좋을지 퀴즈 형식으로 정리했다. 다음 페이지의 답을 보기 전에 스스로 답을 적어보자. 팀원들의 강점을 활용할 수 있는 업무가 있다면 우선 고려할 만하다. 이를 팀원들의 강점에 따른 업무 매칭에 활용하도록 하자.

Q. 관찰한 팀원의 강점에 맡길 업무를 빈칸에 적어봅시다.

[팀원의 강점] 상상력이 풍부, 미래지향적, 복잡한 것을 좋아함, 남다른 생각, 독립적 업무 수행 [강점 활용 가능한 업무는 무엇인가?] (　　　　　　　　)	[팀원의 강점] 다양한 관심, 사교적, 탄탄한 인맥, 변화옹호, 에너지 충만, 쉽게 지루해 함, 적극적, 여러 일을 동시에 진행, 설득이나 발표에 능숙함 [강점 활용 가능한 업무는 무엇인가?] (　　　　　　　　)	[팀원의 강점] 뛰어난 분석력, 객관적 자세, 많은 아이디어 제시, 도전적 업무 선호, 여러 대안을 비교, 새로운 활동 선호 [강점 활용 가능한 업무는 무엇인가?] (　　　　　　　　)
[팀원의 강점] 정보수집에 능숙, 분석하고 전파하는 역할, 잡학다식, 유연한 태도, 정보를 수집해 쉽게 이해할 수 있는 형태로 만드는 일에 능숙 [강점 활용 가능한 업무는 무엇인가?] (　　　　　　　　)	팀원의 강점에 따라 어떤 업무를 맡길까?	[팀원의 강점] 일 벌이기 좋아함, 뛰어난 추진력, 신속하게 의사 결정함, 사람들을 모아 조직을 꾸리는 것을 선호, 직관적, 남들과 충돌도 회피하지 않음, 목표, 기한, 예산중시 [강점 활용 가능한 업무는 무엇인가?] (　　　　　　　　)
[팀원의 강점] 보수적, 충성형, 지지형, 개인가치 중시, 옳고 그름의 판단이 강함, 정기적, 주기적인 일 선호, 기준중시 [강점 활용 가능한 업무는 무엇인가?] (　　　　　　　　)	[팀원의 강점] 강한 관리력, 디테일을 좋아함, 대인 접촉이 낮음, 표준과 절차를 선호함, 규칙&규정 등을 자주 이야기 [강점 활용 가능한 업무는 무엇인가?] (　　　　　　　　)	[팀원의 강점] 현재를 중시, 실질적인 것을 선호, 스케줄링에 능함, 계획을 선호, 같은 일을 반복하는 것을 좋아함, 효과나 효율을 중시, 강한 책임감, 변화를 싫어함 [강점 활용 가능한 업무는 무엇인가?] (　　　　　　　　)

쓸 곳 모르는 팀장이 있을 뿐
쓸모없는 팀원은 없다

옛날 어느 마을에 장님과 앉은뱅이가 살았다. 이들은 매일 장터에서 동냥을 다니며 하루하루 연명했다. 그러던 어느 날 앉은뱅이는 장님에게 가서 이야기했다.

"여보게, 나는 이동이 불편하지만 앞을 볼 수 있고, 자네는 볼 수 없지만 걸을 수 있지 않나? 자네가 나를 업어주고, 내가 안전하게 길을 안내하면 어떠한가?"

장님은 흔쾌히 그 제안을 받아들였다. 그렇게 장님은 앉은뱅이의 발이 되고, 앉은뱅이는 장님의 눈이 되어주었다. 결국 사람들이 어디에 많이 모이는지 아는 앉은뱅이와 빠르고 안전하게 움직이는 장님 덕분에 그들은 이전보다 더 많은 음식을 얻을 수 있게 되었다. 장님과 앉은뱅이는 서로의 장점을 활용하여 팀으로써 실질적인 도움을 주고받았다. 팀장이 팀원들과 일하는 것도 이러해야 하지 않을까? 서로의 강점을 바탕으로 협업하여 팀을 이루어야 한다.

간혹 팀장들 중에는 비유컨대 '앉은뱅이' 팀원을 일으켜 세우려 하거나, '장님' 팀원을 눈뜨게 하려고 노력하는 사람이 있는데 이는 있을 수 없는 일이다. 지나친 평준화는 오히려 팀원들의 업무 몰입을 방해하고, 유사한 능력만을 갖도록 할 뿐이다. 수퍼히어로물의 주인공들인 〈어벤져스〉의 히어로들은 단점도 있지만, 능력이 다르고 다양해서 함께할 때 어마무시한 팀을 만든다. 팀원 모두가 슈퍼맨일 필요는 없다. 그러면 팀일 필요가 없다. 정리하자면 쓸모없는 팀원은 없다. 오히려 쓸 곳 모르는 팀장만이 있다. 팀원의 쓸모 있음과 쓸모없음은 원래부터 결정된 것이 아니다. 이는 팀원들 개개인의 특징을 볼 줄 아는 팀장의 심미안에 따라 결정된다.

목적을 이룰 '적소'인 적정한 자리를 결정짓고, '적재'인 적절한 인재를 찾는 것은 팀장의 관점에 달려 있다. 이 세상에 아무짝에도 쓸모없는 사람은 단 한 명도 없다. 팀장은 팀원들의 도전의식을 불러일으키고, 업무를 담당하며 만족스러운 직장생활을 할 수 있도록 팀원들의 욕구를 만족시키고 지원할 책임을 갖고 있다. 이제껏 회사의 동기부여나 성과급 시스템에 의존하며 할 수 있다는 불굴의 의지만을 강조했다면, 이제는 팀원들의 개별적인 욕구와 성향을 파악하여 이에 따라 동기를 부여하는 발상의 전환이 필요하다. 팀장은 특정한 사람을 얼마나 자주 접하느냐가 아닌, 얼마나 호기심과 관심을 갖고 팀원들을 대하고 관찰하느냐가 중요하다.

팀원의 강점에 따른 업무매칭

[팀원의 강점] 상상력이 풍부, 미래지향적, 복잡한 것을 좋아함, 남다른 생각, 독립적 업무 수행 [강점 활용 가능한 업무는 무엇인가?] **(혁신업무)**	[팀원의 강점] 다양한 관심, 사교적, 탄탄한 인맥, 변화옹호, 에너지 충만, 쉽게 지루해 함, 적극적, 여러 일을 동시에 진행, 설득이나 발표에 능숙함 [강점 활용 가능한 업무는 무엇인가?] **(홍보업무)**	[팀원의 강점] 뛰어난 분석력, 객관적 자세, 많은 아이디어 제시, 도전적 업무 선호, 여러 대안을 비교, 새로운 활동 선호 [강점 활용 가능한 업무는 무엇인가?] **(개발 및 평가업무)**
[팀원의 강점] 정보수집에 능숙, 분석하고 전파하는 역할, 잡학다식, 유연한 태도, 정보를 수집해 쉽게 이해할 수 있는 형태로 만드는 일에 능숙 [강점 활용 가능한 업무는 무엇인가?] **(코칭 및 컨설팅 업무)**	팀원의 강점에 따라 어떤 업무를 맡길까?	[팀원의 강점] 일 벌이기 좋아함, 뛰어난 추진력, 신속하게 의사 결정함, 사람들을 모아 조직을 꾸리는 것을 선호, 직관적, 남들과 충돌도 회피하지 않음, 목표, 기한, 예산중시 [강점 활용 가능한 업무는 무엇인가?] **(기획 및 조직 관리 업무)**
[팀원의 강점] 보수적, 충성형, 지지형, 개인 가치 중시, 옳고 그름의 판단이 강함, 정기적, 주기적인 일 선호, 기준중시 [강점 활용 가능한 업무는 무엇인가?] **(관리 및 유지 업무)**	[팀원의 강점] 강한 관리력, 디테일을 좋아함, 대인 접촉이 낮음, 표준과 절차를 선호함, 규칙&규정 등을 자주 이야기 [강점 활용 가능한 업무는 무엇인가?] **(점검업무)**	[팀원의 강점] 현재를 중시, 실질적인 것을 선호, 스케줄링에 능함, 계획을 선호, 같은 일을 반복하는 것을 좋아함, 효과나 효율을 중시, 강한 책임감, 변화를 싫어함 [강점 활용 가능한 업무는 무엇인가?] **(생산업무)**

8

하이퍼포머보다 트랜스퍼포머로 키워라

팀원들을
트랜스퍼포머의 길로 인도하라

고등학교 시절《일리아스》를 읽고 지중해 세계에 빠져 라틴어를 독학했다. 대학에서는 철학을 전공하며 학생운동에 가담했다. 이후 우여곡절 끝에 33세 때 홀로 이탈리아 피렌체에 정착했다. 독학으로 이탈리아 역사 공부를 시작해서 이후 37년간 글을 쓰고 있다. 1970년대에는《르네상스의 여인들》,《체사레 브르자 또는 우아한 냉혹》,《신의 대리인》의 작품을 펴냈다. 1980년대에는 10년간 준비한《바다의 도시 이야기》,《전쟁》,《콘스탄티노플 함락》,《로도스 섬의 공방전》,《레판토 해전》을 저술했다. 1990년대에는《주홍빛 베네치아》,《은빛 피렌체》,《황금빛 로마》를 내놓았다. 이후 1992년부터 2008년까지《로마인 이야기》15권을 저술했다. 자기 생각이 당당하고 명료하다. 그 배경에는 철저한 고증과 현장조사를 토대로 자신의 메시지를 집어넣는다. 매일 8시 30분부터 오후 4시까지 글을 쓰고, 교통사고라도 나면 글을 쓸 수 없게 될지 몰라 여행도 삼갔다. 1970년 마이니치 출판 문화상, 1982년 산토리 학예상, 1983년 기쿠치 히로시상, 1988년 여류문학상, 1993년 신조 학예상, 1999년 시바로타상을 수상했다.

이 작가는 누구일까? 시오노 나나미다.

트랜스퍼포머는 '트랜스포메이션 퍼포머(Transformational Performer)'의 줄임말이다. 트랜스포메이션 퍼포머는 환경과 상황의 변화에 따라 자기를 변화시키고 적응하는 사람이다. 행운과 능력만으로는 부족하다. 자신을 끝없이 진화시킬 줄 알아야 한다.

그동안 팀장은 고성과를 내는 '하이퍼포머(High Performer)'를 육성하는 데 초점을 두었다. 하이퍼포머는 성과와 보상을 중시한다. 자신의 능력과 역량으로 성과를 달성하고 보상을 원한다. 자신의 일을, 능력을 증명하고 보상을 얻을 기회로 여긴다. 새로운 일을 맞닥뜨리면 해내야 할 과제를 자신이 투입하는 노력과 얻을 수 있는 성과에 견주어 분석한다. 이를 통해 성과를 달성하고 보상을 얻고자 한다. 그런 과정으로 전문가로 육성된다. 한마디로 하이퍼포머는 전문가다.

한편 트랜스퍼포머는 학습 태도와 도전 정신을 중시한다. 일을 통해 배우는 것을 중시하며, 새로운 과제를 학습의 기회로 여긴다. 새로운 과제를 맡으면 자신이 갖고 있는 지식을 활용하여 검토하고, 그 일이 자신의 실력을 키울 수 있는 일인지, 단순히 갖고 있는 지식을 활용하면 되는 정도인지 가늠한다. 새로운 지식을 배울 수 있고 새로운 일을 다룰 수 있는 기회라면 서슴없이 도전하며, 대안을 탐색하고 새로운 지식과 스킬을 확보하여 현장에 적용한다. 트랜스퍼포머는 기존의 지식 실행, 대안 탐색, 현장 적용, 성과 복기의 과정을 통해 일의 노하우를 축적한다.

스스로 무엇을 배워 어떤 생각을 하고, 어떻게 일할 것인지를 결정하는 것은 직장생활의 기본이다. 팀장이 팀원들에게 학습할 기회를 주고, 인위적 변화를 유도할 수는 없다. 누구나 스스로 배울 수 있고, 학습할 능력이 있다. 하지만 적어도 팀원들의 학습을 도와주고 의욕을 북돋아줄 책임은 팀장에게 있다. 팀장은 팀원들이 트랜스퍼포머로 커가도록 역량 개발을 북돋고 방해요소를 제거하며, 일의 성과를 성장의 관점에서 해석할 필요가 있다.

'교학상반'이라는 말이 있다. 가르치면서 배우고, 배우면서 가르친다는 뜻이다. 원래 가르치고 배우면서 서로 성장한다는 말인 '교학상장'에서 도를 닦는 벗인 도반의 '반'을 사용했다. 결국 같이 일하는 팀원들이 가르쳐야 할 대상이 아닌, 함께 도를 닦는 벗이라는 의미가 아닐까 싶다. 팀원들을 가르쳐야 하는 대상이 아닌, 함께 고민하고 깨닫는 성장 파트너로 보아야 한다.

고 신영복 교수는 《담론》에서 "공부는 머리가 아니라 가슴으로 하는 것이다. 더 나아가 가슴에서 끝나는 여행이 아니라 가슴에서 발까지의 여행이다"라고 했다. 머리로 이해하는 것은 합리적 이해다. 밑줄 치고, 메모하고 요약하는 학습이다. 이런 공부는 암기하고 말로 설명한다. 한편 가슴에 이른다는 것은 공감과 애정을 갖고 있다는 뜻이다. 왜 팀원들이 힘들어하는지, 팀원들이 어떤 어려움에 처해 있는지, 어떻게 같이 해결하도록 도와줄 것인지 안타까워하고 섬세하게 코칭 하는 학습이다. 발로 이해한다는 것은 차이와 다양성을 인정하고, 팀장이 한 걸음 더 가까이 팀원들에게 다가가려는 노력이다. 생각과 경험의 다양성을 인정하는 것을 넘어서 공통점과 차이점을 향해 한 걸음씩 다가가며 변화의 계기를 만들어야 한다.

시중에 돌아다니는 리더십과 자기계발, 인문학의 지식이 아닌 내 팀원들과 팀장인 자신이 즐겁게 일하고 서로 성장할 수 있도록 팀원들을 이해하는 방법을 공부해야 한다. 이를 깨닫고 실천하는 것이 팀장으로서 해야 할 학습이다. 리더십은 몇 줄의 지식으로 손에 익힐 수 있는 기술이 아니다. 팀장이 한 개인에서 팀을 이끄는 어른으로 성장하는 과정이다. 몇 가지 과정을 이수하고 다수의 프로젝트를 성공적으로 마쳤다고 해서 리더가 될 수는 없다. 자기다운 생각과 행동, 그리고 소통방법을 지녀야 한다. 팀장은 조직에서 어른이다. 어른인 팀장이 팀원들을 업무적으로 성숙한 어른으로 키우는 것이 성장이다.

프로정신을 넘어서
시대정신을 가져라

팀원을 육성하려면 팀장에겐 어떤 자세가 필요할까? 어떻게 해야 팀원들을 업무적으로 성숙한 어른으로 키울 수 있을까?

먼저 '학습된 무기력'이 아닌 '학습된 낙관성'이 필요하다. 학습된 무기력은 아기 코끼리 때 묶어놓은 족쇄를 어른이 되어서도 벗어나지 못하는 현상을 말한다. 아무리 발버둥 쳐도 벗어날 수 없었던 어릴 적의 기억이, 어른이 된 코끼리에게 그대로 남아서 '나는 할 수 없다'는 무기력증으로 남은 것이다. 족쇄가 묶고 있는 것은 코끼리의 몸이 아니라 마음이다. 이와 같이 학습된 무기력은 팀원들의 성장을 가로막는 큰 장애요인 중 하나다.

학습된 무기력증에 걸리면 남을 탓하거나 시니컬하다. 자기가 할 수 있는 것은 아무것도 없다고 생각한다. 이전에 이미 다 해봤는데 잘 안 됐다고 체념하고, 모든 것을 임원 탓으로 돌리고, 회사의 제도에 문제가 있다며 모든 것을 남 탓으로 돌린다. 물론 잘되면 다 내 덕이다. 그런데 이런 무기력증에 빠지면 누구보다 팀장 본인이 행복하지 못하다. 마지못해 일을 하고 회사에도 나가기 싫어진다.

혹시 아기 코끼리의 말뚝처럼 팀장 스스로 자신의 한계를 한정하고 있는 것은 아닌지 자문해보자. 아울러 고민해온 문제와 새로운 대안을 현장에 적용해보는 실험정신이 필요하다. 이전에는 잘 안 되었어도 지금은 다를 수 있다.

회사는 나의 업무 실력을 키우는 곳이고, 일은 세상을 살아가며 나의 실력을 키워주는 도구다. 낙관주의를 선택할 것인지, 무기력을 선택할 것인지는 팀장 자신에게 달려 있다. 팀장으로서 일하기 위해서는 지성의 비관주의와 의지의 낙관주의를 동시에 가져야 한다. 낙관주의는 냉철한 비판사고를 갖고 사물을 긍정적으로 보거나, 생활을 즐기는 태도 또는 경향이다. 무조건 잘될 것이라고 믿는 것이 아니라 "어떤 점들을 갖추면 지금보다 더 나은 상황이 될 것이야"라는 마음가짐을 가져야 한다.

팀장이 성숙한 어른십을 가지고 팀원들을 육성하려 할 때 필요한 것은 2 대 8 학습이다. 현장에서 만나는 임원과 팀장들은 크게 두 부류로 나뉜다.

한 부류는 '북 스마트한 리더'다. 이들은 이론을 통해 자신의 역량을 키우고, 실제로 전문분야가 확실한 리더들로, 지식이나 기술을 기반으로 일하며, 팀원들을 육성할 때에도 지식과 이론을 중시한다. 꼼꼼한 이론적 배경, 빈틈없는 내용 등으로 상대방을 제압하여 꼼짝 못하게 한다. 다만 이들은 이론을 현장에 적용할 때의 어려움이나 팀원들의 고민을 가볍게 여기는 과오를 범하기 쉽다. 이 점이 아쉽다.

다른 부류는 '스트리트 스마트한 리더'다. 이들은 산전, 수전, 공중전에 우주전, 행성전까지 다 겪은 경험 중심의 리더들로, 자신의 혼이 담긴 경험담으로 팀원들을 상기시키고 고양시킨다. 하지만 이들은 곧 독재에 빠진다. 자신이 모든 것을 통제하고 관리하고자 하기 때문에 팀장과 팀원들이 머리를 맞대어 뽑아내는 집단지혜보다는 자신의 경험을 성급하게 일반화하여 집단에 최면을 거는 맹목적 집단사고에 빠지기 쉽다.

집단지혜를 모으는 리더들은 책에서 얻은 지식과 현장의 경험을 적절히 섞고 팀원들의 참여를 유도한다. 이들은 지식과 이론의 비중을 20 대 80의 비율로 두고 스스로 일하는 방법을 만든다. 팀원들을 육성할 때에도 자신의 방법이나 경험을 바탕으로 80퍼센트의 가이드라인을 주면서 20퍼센트는 팀원들 스스로 고민하고 시도하도록 한다.

〈월간 윤종신〉으로 유명한 가수 윤종신 씨는 어느 예능프로그램에서 자신의 경험담을 털어놓았다. 자신이 40세가 되었을 때 아버지께 "너도 이제 공부 좀 해야 하지 않니?"라는 말을 들었다고 했다. 그는 이 말을 듣는 순간 데뷔 20년차이지만 돌아보면 음악을 체계적으로 공부하지 않았음을 느끼고 스스로 음악을 체계적으로 공부하기 위해 노력했다. 우리 또한 매일 일을 하면서도 일에 대해 체계적으로 공부를 하지는 않는다. 일에 대한 공부는 책으로 할 수도 있고, 현장의 과제를 끊임없이 해결해나가며 해나갈 수도 있다. 중요한 것은 자기계발의 끈을 놓지 않는 자세다.

팀장이 성숙한 어른십을 가지고 팀원들을 육성할 때 필요한 자세는 프로정신을 넘어선 시대정신이다. 프로정신은 프로페셔널리즘으로, 일을 하기 위한 지식과 기술을 습득하고 연마하는 태도다. 아울러 직장에서 나는 무슨 일을 해야 하는지 알고 행동하는 것이다. 즉, 주어진 일을 이성적으로 열심히 처리하는 직업적 전문성을 뜻한다. 한편 시대정신은 회사가 이 시대에 해야 할 것이 무엇인지 생각하고, 행동하고, 소통하는 태도다. 즉, 회사에 무엇이 필요한지, 어떤 역할을 수행해야 하는지 알고 행동하는 것이다. 결국 이런 흐름 속에서 자신의 역할을 고민하고, 이를 행동으로 실천하는 것이 소명의식이다. 시대정신은 회사에 어떤 사람이 필요한지, 그리고 자신이 어떤 역할을 수행해야 하는지 알고 행동하는 정신이다. 다시 말해 자신의 역할을 고민하고, 이를 행동으로 실천하는 자세다.

어느 중견 기업에서 팀장을 선발하기 위해 고민하는 임원과 이야기를 나눈 적이 있다. 그의 고민은, 인사팀장을 선발하는 데 있어 인사에 대한 지식, 스킬, 경험도 중요하지만, 더욱 중요한 것은 회사가 발전해나가는 과정에 어떤 제도를 도입하고 아울러 어떤 인재를 육성해야 할지 방향을 잘 잡을 수 있는 사람을 찾을 수 있는가 하는 것이었다. 인사팀장이 되기 위해 어떤 직무를 경험했고, 어떤 프로젝트를 수행했는지보다 이 회사에 와서 자신이 어떤 기여를 할 수 있을지 당당히 밝히고 보여줄 준비가 되어 있어야 한다는 것이었다.

팀장은 팀원들에게 틈틈이 사외교육을 받고, 학점 이수제를 수행하도록 독려하는 것도 중요하지만, 그보다 앞으로 회사에서 어떤 인재를 필요로 할지 간파하고 가이드라인을 같이 고민하는 자세가 필요하다. 이력서에 드러나는 업무 경력, 교육 정도 등이 좋다고 해서 팀장이 될 자격을 충분히 갖춘 것은 아니다. 오히려 이력서에 쓸 수 없는 것이 필요하다. 그것은 바로 회사에 대한 시대정신이다. 반대로 팀원들은 프로정신이 더 필요하다. 프로정신은 일을 하기 위한 지식과 기술을 습득하고 연마하는 태도다. 직장에서 자신이 해야 할 일이 무엇인지를 알고 실행하는 자세다. 즉, 주어진 일을 이성적으로 열심히 처리하고 배우면 족하다.

팀장에게는 프로정신을 넘어서 시대정신이 필요하다. 리더는 스펙이 아니라 스토리를 가지고 있어야 한다. 나는 어떤 잠재력과 독창성이 있는 사람인지, 어떤 비전과 열정을 품고 살아왔는지, 어떤 의미와 가치를 추구하는지, 자신이 살아온 이야기와 앞으로 실천하고자 하는 이야기를 갖고 있어야 한다. 즉, 자신의 이야기를 품고 있어야 한다. 그런 사람이 더 큰 리더로 자리 잡을 수 있다. 사격장에서 준비된 사수부터 발사를 하지, 사로에 들어가서 준비하려는 사수에게 기회를 먼저 줄 수는 없지 않은가?

회사가 그대를 지치게 할지라도

팀장 중에는 좀비 팀장과 귀신 팀장이 있다. 좀비 팀장은 몸만 회사에 있고, 마음은 다른 곳을 헤맨다. 시키면 시키는 대로 하고, 자신의 의견이 없다. 정말 몸만 회사에 있다. 한편 귀신 팀장은 혼이 떠다닌다. 이직을 꿈꾸고, 자신을 이렇게 만든 임원 또는 팀원들에 대한 원망이 서려 있다. 원귀다. 자신이 이렇게 된 것은 다 주변 탓이고, 과거에 잘못한 일 때문이라고 말한다. 구천을 떠도는 원귀처럼 원한에 사무쳐 회사를 떠돈다. 이런 팀장들은 과거를 잊어야 한다. 지난 잘못을 반성하고 실패에서 교훈을 얻어야 한다. 실패를 반복하면 결국 스스로를 망친다. 과거의 교훈을 미래에 적용하고 건물의 콘크리트 구조물 같은, 다시는 바꿀 수 없는 구조물 같은 과거는 잊어야 한다. 그렇게 무심한 자세로 현재에 발붙이고 두 눈으로 미래를 응시해야 한다. 이런 자세가 어린아이의 단계가 아닐까 싶다. 괴테는 《파우스트》에서 "무엇을 찾는 사람은 길을 잘못 들기 쉽다. 그러나 그런 사람은 구원받기도 쉽다"라고 했다. 팀장이 되고 보니 일이 돌아가는 것과 사람들의 행동하는 판이 훤히 보이는데, 뭔가 해보자니 자신이 준비해놓은 것이 너무 없다는 어느 팀장의 하소연이 참으로 안쓰러웠다.

이 글을 보고 "이 작가 현실을 모르는군. 회사 다니고, 집에 가서 아이들 챙기고, 안사람 눈치 봐야 하는 입장에서는 턱도 없지. 현실과 괴리감이 커"라고 말하는 사람도 있을 법하다. 현장에서 종종 듣는 '현실'은 폭력적이다. 강의를 할 때에도 "강사님, 우리네 현실을 몰라서 그런 말씀하시는 거예요"라고 하면 순간 회사 강의장에서 강사인 필자는 300만 리 떨어진 곳으로 추방된다. 교육이 지향하는 바를 이야기하는데 '현실에 발을 딛고 있지 않으면 뜬구름 잡는 소리이고, 그렇다면 아무것도 할 것이 없다'라는 의미다. 그래서 현장에서 '현실을 잘 모르네'라는 뉘앙스의 말이 나오면 어쩔 수 없이 받아들여야 한다. 그런데 지금 현실에서 가장 중요한 사람은 누구인가? 바로 팀장, 나 자신이다. 공부는 '나를 어떤 인간으로 만들 것인지' 고민하는 과정이다. 자기 삶을 책임지는 자세로 스스로 한 단계 올라가려는 노력이 중요하고, 그것은 어느 누구도 대신할 수 없다. 현실적으로 시간이 없고, 바쁜 회사 일, 각박한 현실이 자신을 지치게 할지라도 스스로 자신의 성장을 포기하지는 말자.

같이 일한다는 것은 상대를 좀 더 좋은 쪽으로 변화시키는 것이다. 팀원들의 마음에 존재하는 게으름, 무지, 부정적 마인드의 공간을 좁혀주고 근성, 성장, 긍정적 마인드의 공간을 더 많이 확장시키는 것이다. 팀원들이 날 아프게 해도, 회사가 날 지치게 해도, 그럼에도 불구하고 팀원들을 더 나은 사람으로 성장시키는 것, 그것이 팀장으로서 가질 수 있는 최대의 매너다.

3부

제대로, 함께 일하는 어른십 매뉴얼

1

연초에 챙길
성과 카운슬링

성과 카운슬링이란 무엇인가?

성과 카운슬링은 연초에 설정한 목표를 팀원들이 실행하도록 업무를 코칭 하고 의논하는 것을 말한다. 팀장은 팀원들의 업무 성향과 업무 패턴을 파악하여 업무를 배분하고 코칭 하고 의논해야 한다. 팀원들의 업무 실력을 진단하고 업무 카운슬링을 하자.

팀원들의 일하는 수준을 어떻게 파악하고 진단할까?

팀원들이 자신의 목표를 성과로 달성할 수 있도록 팀원들이 어떤 자세로 일하는지, 어떤 속성의 일을 하는지 좀 더 살펴보자. 어떻게 하면 팀원들의 성향을 진단하고, 업무 패턴을 파악할 수 있을까? 업무 성향을 세로축으로, 업무 패턴을 가로축으로 나누면 다음 페이지의 도표와 같이 네 가지 업무 실력 유형이 나온다.

팀원들의 업무 성향은 어떻게 파악할까?

먼저 팀원들의 성향을 파악하자. 업무 성향은 성취 지향적 성향과 안정 지향적 성향으로 구분된다. 컬럼비아대학교 동기과학센터의 의견에 따르면 성취 지향적 성향을 갖고 있는 사람들은 긍정적인 면을 크게 보고 목표를 무언가를 얻거나 발전하기 위한 기회로 여긴다. 다시 말해 이들은 성과를 내면 얻게 될 혜택과 보상에 초점을 맞춘다. 주로 이기기 위해 게임을 하고, 낙관론과 칭찬에 잘 반응하고, 모험에 뛰어들거나 기회를 붙잡을 가능성이 높으며, 창의성과 혁신 능력이 뛰어나다. 그러다 보니 실수를 범하기 쉽고 다양

업무 성향과 업무 패턴에 따른 팀원 유형 구분

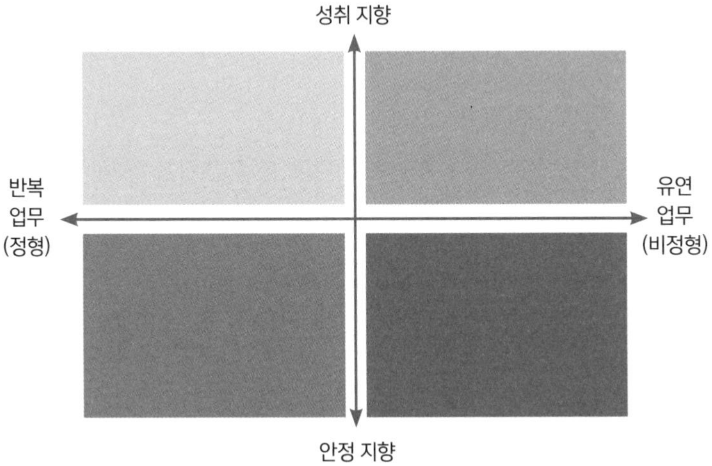

한 가능성을 파악할 여지가 적다. 일이 잘못되었을 때를 대비하지 않는 편이다. 반면 책임을 완수하고 안전을 유지하며 목표를 추구하는 안정 지향적 성향을 갖고 있는 사람들은 무언가 잘못될 수 있음을 늘 염두에 두고 안정감을 중시한다. 이들은 칭찬이나 박수보다 비판이나 실패에 대한 두려움에 적극적으로 행동한다. 현 상태를 유지하길 원해 모험을 감수하지는 않지만, 업무 결과는 빈틈없고 정확하며 주도면밀하다.

팀원들의 업무 성향은 4단계에 걸쳐 파악할 수 있다. 팀원들의 업무 성향을 보고, 듣고, 물어보고, 성과로 판단하자. 그런 다음 각 단계별로 성향 판단의 포인트를 정리하자.

팀원들이 다음과 같은 행동을 보인다면?	
- 일처리가 느리고, 주도면밀하다. - 만반의 준비를 한다. - 짧은 마감시한에 스트레스를 받는다. - 알려진 일처리 방법을 고수한다. - 칭찬이나 낙관론을 거북스러워한다. - 일이 순조로워도 걱정하거나 불안해한다.	- 일처리 속도가 빠르다. - 여러 가지 대안을 고민한다. - 새로운 기회를 순순히 받아들인다. - 미래를 장밋빛으로 전망한다. - 긍정적 피드백에 좌우된다.
위와 같은 행동을 자주 보인다면 **팀원은 (안정 지향적) 성향이다.**	위와 같은 행동을 자주 보인다면 **팀원은 (성취 지향적) 성향이다.**

1단계, 일상에서 팀원들의 행동을 관찰한다. 다음 도표와 같이 팀원들이 어떤 행동을 보일 때 어떤 성향을 가질지 생각해보자.

2단계, 팀원들의 말을 통해 성향을 파악한다. 팀원들이 일상에서 이야기하는 말을 근거로 성취 지향인지, 안정 지향인지 판단할 수 있다. 계속해서 퀴즈를 풀어보자.

팀원들이 다음과 같이 이야기한다면?	
- 번쩍인다고 다 금이 아닙니다. - 한 바구니에 모든 달걀을 담지 말라고 했어요. - 알을 까기 전에 병아리를 세지 말라고 했어요. - 급히 서두르면 일을 망칩니다.	- 식은 죽 먹기입니다. - 늦더라도 하지 않는 것보다 낫죠. - 제가 한번 해보겠습니다. - 통 크게 생각해야죠. - 어렵지만, 기회라고 생각합니다.
위와 같은 표현을 자주 쓴다면 **팀원은 (안정 지향적) 성향이다.**	위와 같은 표현을 자주 쓴다면 **팀원은 (성취 지향적) 성향이다.**

3단계, 팀원들의 성향을 파악할 수 있는 구조화된 질문을 활용한다. 구조화된 설문을 통해 팀원들의 성향을 판단하자.

팀원 성향 파악을 위한 구조화된 설문

구분	성향 파악 진단 항목	질문자 진단 (1-2-3-4점)
a	팀원은 평소에 스스로 실수를 막고, 팀장과 갈등을 피하는 데 초점을 맞춘다.	1 - 2 - 3 - 4점
b	팀원은 자신이 맡은 업무상 책임과 의무에 미흡할까봐 걱정이 된다고 말한다.	1 - 2 - 3 - 4점
c	팀원은 일을 통해 직장에서의 목표나 비전을 달성할 수 있다고 말한다.	1 - 2 - 3 - 4점
d	팀원은 자신의 목표를 달성하지 못할까봐 지주 걱정한다.	1 - 2 - 3 - 4점
e	팀원은 성과를 달성할 방법에 관해 자주 이야기하고 물어본다.	1 - 2 - 3 - 4점
f	팀원은 자주 일이 어떻게 잘못될 수 있을 수 있다고 이야기한다.	1 - 2 - 3 - 4점
g	팀원은 우선 지금 직장에서 업무적 성과와 성장을 이루고 싶어 한다.	1 - 2 - 3 - 4점
h	팀원은 우선 현재 하는 일에서 최소한의 성과로 실직을 피하는 모습이다.	1 - 2 - 3 - 4점
i	팀원은 평소에 기회를 포착하고, 기회를 향해 열심히 노력하는 모습을 보여준다.	1 - 2 - 3 - 4점
j	팀원은 자주 스스로 성장하는 모습을 이야기한다.	1 - 2 - 3 - 4점
분석	(a) + (b) + (d) + (f) + (h) = ( )의 점수가 높다면 **팀원은 (성취 지향적) 성향**이다.	
	분석(c) + (e) + (g) + (i) + (j) = ( )의 점수가 높다면 **팀원은 (안정 지향적) 성향**이다.	

앞 도표의 질문에 얼마나 동의하는지에 따라 성취 지향인지, 안정 지향인지 판단할 수 있다.(1점은 전혀 그렇지 않다, 2점은 약간 그렇다, 3점은 자주 그렇다, 4점은 대단히 그렇다)

(a), (b), (d), (f), (h)는 성취 지향인지 알아볼 수 있는 항목들이다. 따라서 해당 항목의 점수가 높으면 성취 지향이 높다고 볼 수 있다. 반대로 (c), (e), (g), (i), (j)는 안정 지향인지 알아볼 수 있는 항목들이다. 따라서 해당 항목의 점수가 높으면 안정 지향이 높다고 판단할 수 있다. 팀장이 판단했을 때 (a), (b), (d), (f), (h) 항목에 매긴 점수의 총합이 높으면 성취 지향이라 볼 수 있고, (c), (e), (g), (i), (j) 항목에 매긴 점수의 총합이 높으면 안정 지향이라고 볼 수 있다.

4단계, 팀원들이 해온 일의 결과물이 최종 결과물인지, 노력을 투입한 정도인지를 판단하여 팀원들의 코칭 유형을 구분한다. 팀원들이 달성한 업무 결과물을 바탕으로 성향을 판단할 수 있다. 즉, 업무 결과가 노력을 투입한 정도인지, 최종 결과물인지에 따라 성취 지향과 안정 지향을 판단할 수 있다. 아울러 업무 결과물이 업무 이슈에 대한 대책, 중간 목표, 활동 여부를 담고 있더라도 성취 지향이라 볼 수 있다.

누구나 성취 지향적 성향과 안정 지향적 성향을 모두 갖고 있다. 극단적으로 성취 지향이 높으면 돈키호테와 같은 인물이고, 반대로 안정 지향이 높으면 햄릿과 같은 인물일 수 있다. 성취 지향과 안정 지향의 판단을 근거로 어느 한쪽의 성향이 더 높은지를 판단하면 된다. 이와 같은 판단을 통해 팀원들의 성향을 파악하여 팀원들의 업무 강점을 활용하는 것이 중요하다.

성취 지향과 안정 지향 모두 업무 강점과 주의할 점이 있다. 당연하다. 완벽한 사람은 없다. 맹목적으로 칭찬하는 것이 좋다는 식의 코칭보다 상대의 강점을 선용하고, 주의할 점을 회피하는 자세가 더 필요하다.

다음 도표는 성취 지향과 안정 지향에 대한 업무 강점과 주의할 점의 예를 보여준다.

성취 지향과 안정 지향의 업무 강점과 보완점

구분	성취 지향적 성향	안정 지향적 성향
업무 강점	◦ 신속한 일처리 ◦ 브레인스토밍 - 창의적 아이디어 ◦ 혁신 의지 ◦ 기회 포착 ◦ 일에 대한 수용적 태도	◦ 꼼꼼한 일처리 ◦ 알려진 방법을 고수, 안정성 ◦ 매끄러운 업무 진행 ◦ 분석적 사고 ◦ 비판적 태도
성과 카운슬링 내용	◦ 지나친 낙관주의 ◦ 엉성하고 성급한 일처리 ◦ 한꺼번에 많은 일을 감당 ◦ 계획성 부족 ◦ 다소 부족한 업무 완성도 ◦ 일을 벌이기는 하나 마무리가 다소 미흡	◦ 명확한 일 선호, 위험 기피 ◦ 너무 느린 일처리 ◦ 마감을 독려하면 스트레스 ◦ 현재 상태에 지나치게 안주

팀원들의 업무 형태는 어떻게 파악할까?

다음은 가로축에 해당하는 팀원들 업무의 형태를 판단하는 방법이다.

업무는 업무의 정형성에 따라 반복 업무와 유연 업무로 구분할 수 있다. 업무의 정형성은 팀원들의 업무가 고정되어 있는지, 유동적인지를 판단하여 이를 근거로 자율적 업무인지, 반복적인 프로세스에 의존해도 되는 업무인지를 판단하는 것이다. 이에 따라 반복 업무는 직무 경험 및 숙련 등을 바탕으로, 주로 매뉴얼화된 업무 프로세스에 따라 정형화된 업무다. 또 유연 업무는 전문지식 및 폭넓은 사고력 등을 바탕으로, 주로 비정형화된 업무다.

팀원들의 업무 형태는 업무 수행에 필요한 지식, 업무 숙련도 적응 경험 수준, 대고객서비스 투입 시간, 문제 해결 수준, 의사결정 수준, 업무 착오의 유형을 근거로 판단한다.

다음 도표와 같은 진단지를 활용하여 팀원들의 업무 유형을 판단하고, 이를 팀원들의 성과 코칭에 활용하자. 한마디로 다음 도표는 업무 형태를 판단하는 진단표다.

일에 관한 내용 중 필요한 기본 요소와 업무 수행의 내용을 고려하여 업무 형태를 판단하자. 진단 점수에 따라 팀원들의 업무를 두 가지 형태로 구분할 수 있다. 즉, 80점 이상은 유연 업무, 80점 이하는 반복 업무로 판단할 수 있다.

팀원의 업무 형태를 판단하는 진단

구분	팀원의 업무에 해당하는 수준을 체크하시오.	5개 수준 중 하나를 선택하고 해당 점수를 더하시오.
지식 기술 수준	1수준. 특별한 기술과 지식을 필요로 하지 않아 바로 수행할 수 있다. 2수준. 일반적이고 상식적인 기초 지식과 사무 처리 기술이 있으면 수행한다. 3수준. 매뉴얼, 규정에 준하는 실무지식과 직무 관련 기술이 있어야 가능하다. 4수준. 업무에 대한 전문적 지식이나 기술이 있어야 수행이 가능하다. 5수준. 내·외적인 전문지식과 관리 능력, 기술이 있고 분석, 예측, 판단이 필요하다.	1수준은 2점 2수준은 4점 3수준은 6점 4수준은 8점 5수준은 10점
경험 수준	1수준. 일반 사원급이면 누구라도 할 수 있는 업무다. 2수준. 1년 이상의 경험을 쌓아야 할 수 있는 업무다. 3수준. 3년 이상의 경험을 쌓아야 할 수 있는 업무다. 4수준. 5년 이상 경험을 쌓아야 할 수 있는 업무다. 5수준. 10년 이상 경험을 쌓아야 할 수 있는 업무다.	1수준은 2점 2수준은 4점 3수준은 6점 4수준은 8점 5수준은 10점
고객 서비스	1수준. 고객서비스 제공 빈도 거의 없음: 근무시간의 10% 미만 2수준. 고객서비스 제공 빈도 가끔 있음: 근무시간의 10~25% 미만 3수준. 고객서비스 제공 빈도 가끔 빈번함: 근무시간의 25~50% 미만 4수준. 고객서비스 제공 빈도 거의 빈번함: 근무시간의 50~75% 미만 5수준. 고객서비스 제공 빈도 항상 있음: 근무시간의 75% 이상	1수준은 2점 2수준은 4점 3수준은 6점 4수준은 8점 5수준은 10점

문제 해결 수준	1수준. 업무를 처리하는 데 있어서 필요로 하는 문제해결 방식은 일상적이고 단순하다. 2수준. 부서 내의 일반적 방법으로 현황 파악과 대안 수립이 가능하다. 3수준. 문제해결을 위해 다른 팀과의 협업, 대안 수립을 위한 경험, 교육 등이 필요하다. 4수준. 대안을 마련하기 위해 전문교육을 통한 지식, 창의력과 혁신성이 필요하다. 5수준. 문제해결이 매우 복잡하고. 예측할 수 없는 예외적인 경우가 자주 발생한다.	1수준은 2점 2수준은 4점 3수준은 6점 4수준은 8점 5수준은 10점
의사 결정 수준	1수준. 소정의 절차나 지시에 따라 수행하는 업무로, 특별한 의사결정이 필요치 않다. 2수준. 매뉴얼, 규칙 적용으로 가벼운 판단을 하고, 불분명한 점은 지시로 처리한다. 3수준. 개괄적인 업무 방법은 있으나, 상황 변화에 따라 부분적인 판단이 필요하다. 4수준. 기본적인 방침은 있으나 재량으로 처리하여야 할 사항이 많고, 응용하여 판단하는 업무다. 5수준. 기획력, 분석력, 응용력 등을 갖고 종합적인 판단을 하면서 독자적으로 수행하는 업무다.	1수준은 2점 2수준은 4점 3수준은 6점 4수준은 8점 5수준은 10점
업무 착오 영향 범위	1수준. 잘못 처리해도 타 업무에 영향을 거의 미치지 않는다. 2수준. 잘못 처리하면 타 업무에 약간의 영향을 미치지만, 수정이 가능하다. 3수준. 잘못 처리하면 타 업무에 미치는 영향도 크고, 정정해야 할 사항도 많다. 4수준. 잘못 처리하면 금전적 손해, 시간 지체 등으로 타 업무에 영향을 미친다. 5수준. 잘못 처리하면 전사적인 영향을 미치고, 회사 외부 문제까지 발생할 수 있다.	1수준은 2점 2수준은 4점 3수준은 6점 4수준은 8점 5수준은 10점

팀원 성향 파악을 위한 구조화된 설문

진단 점수	업무 특성	업무 유형
업무 형태 진단 점수가 20~40점 미만	업무 내용이 반복적이고 일상적인 과제로 구성되어 표준화된 방법이나 절차에 의해 진행됨. 또한 독립적인 판단이 별로 요구되지 않음	
40~ 60점 미만	업무 내용은 반복적이지만, 비교적 복잡한 절차와 과제들로 구성. 표준화된 업무를 처리하기 위해 가장 적절한 방법이나 수단을 선택하고 적용하는 데 있어서 독립적인 판단이 다소 요구됨	반복 업무
60~80점 미만	직무 내용이 복잡하고, 가변적이기 때문에 상세한 가이드라인의 선택과 적용을 필요로 함. 업무를 처리하는 데 있어서 과거의 선례를 잘 이해해야 하고, 가장 적절한 가이드라인과 절차의 탐색, 선택, 적용에 있이시 직무 담당자의 독립적인 판단을 필요로 하는 업무임	
80~90점 미만	직무 내용이 상당한 수준의 복잡성, 가변성을 가지고 있어 기본적으로 표준화되기 어려움. 따라서 직무 담당자가 업무 처리를 함에 있어서 과거의 방법론이 부적절하다고 판단될 경우 새로운 방법론을 고안하여야 하며, 이를 위해서는 분석력과 전략적 사고력을 필요로 하는 업무임	유연 업무
90~100점 이하	매우 높은 수준의 복잡성, 가변성을 갖고 있는 비정형적인 업무로, 주로 소속 조직이 아닌 전사적인 관점에서 추진되는 업무임. 또한 업무를 처리하기 위해서는 전사 차원에 관련된 요인들을 모두 고려해야 하기 때문에 그 범위가 상당히 광범위함	

팀원 진단에 따른 코칭 방법

이제 모든 준비가 되었다. 팀원들의 성향과 업무 형태를 각각 가로축과 세로축으로 분포시키면 네 가지 유형이 나온다. 네 가지 유형에 대한 코칭 방법은 다음 도표와 같다.

우리는 흔히 팀의 목표가 기대에 미치지 못하면 "재수가 없었다", "환경이 안 좋았다", "팀원들이 내 맘 같지 않았다", "일할 사람이 없다"고 하는 이야기를 듣곤 한다. 그 말이 전부 틀리지는 않았을 것이다. 그런데 그 모든 이유가 어느 날 갑자기 팀장 앞을 가

팀원의 성향과 업무 형태 진단에 따른 성과 카운슬링 내용

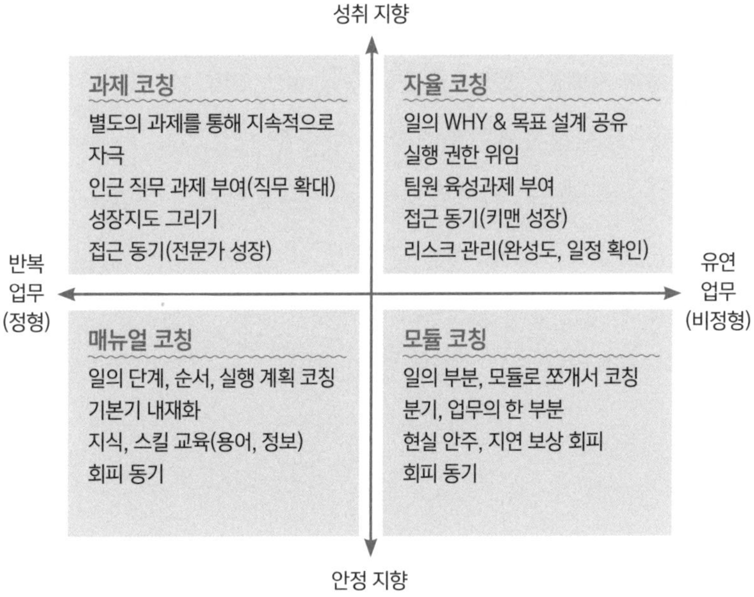

로막은 것은 아니다. 그리고 어느 순간 하늘에서 뚝 떨어진 것도 아니다. 즉, 예측 가능했다. 그럼에도 불구하고 팀장은 사전에 준비를 하지 못했고, 팀의 목표를 성과로 바꿀 수 있었던 대략 1년이라는 긴 시간을 낭비했다. 그것이 아쉽다.

팀장이라면 누구나 성과를 내고 싶어 한다. 일이 잘 안 되면 핑계를 대면 된다. 그러면 마음은 편하다. 자기합리화하면 되니까. 하지만 다른 사람은 다 속여도 자기 자신은 진실을 알고 있다. 자신이 얼마나 팀원들을 관찰하여 그들과 함께, 제대로 일하기 위한 방법을 고민하고 개별 코칭을 하고 행동을 끌어냈는지, 아니면 그렇지 못했는지를.

물론 모든 팀원들을 다 일일이 코칭해서 행동을 변화시킬 수 없는 것은 사실이다. 많은 팀원들이 팀장과 기분 좋게 일하고 싶어 한다. 기분 좋게 일해서 떳떳하게 퇴근하고 싶어 한다. 팀원들은 아침에 출근하면서 팀장에게 인정을 받고, 회사에서 인정받는 사람이고 싶어 한다. 아침에 출근하면서 회사에서 강아지처럼 무시당하고, 자신이 하는 일을 허드렛일 취급받고 싶어 하는 사람은 하나도 없다. 정말 중요한 것은 일만 보지 말고 팀원들의 업무 패턴과 성향을 같이 보면서 이에 맞는 업무 코칭과 일하는 방법을 제시하는 것이다.

2

연중에 실행할
1페이지 업무 스케치

1페이지 업무 스케치란 무엇인가?

업무 스케치를 한다는 것은 팀장과 팀원이 목표를 정하고, 목표를 달성할 요인들을 찾아내 이에 대한 대안을 선택하고, 일하는 데 필요한 시간, 지원사항 등을 서로 협의하는 것이다. 1페이지 업무 스케치는 팀장과 팀원이 업무를 주고받는 내용을 담은 그릇이다.

1페이지 업무 스케치가 기존의 업무 지시와 다른 점은 무엇인가?

기존의 업무 지시와 1페이지 업무 스케치의 다른 점은 한마디로 '닫힌 일하는 방법과 열린 일하는 방법의 차이'다. 팀원들에게 일하는 단계나 순서 등을 알려주는 것은 고정된 방법을 통해 정해진 성과를 도출할 뿐이다. 일의 WHY와 목표 설계도를 통해 팀원들이 스스로 전략을 고민하게 해야 한다. 그러면 팀원들은 다른 팀원들과 전략에 대해 논의하며 일에 대한 깊이 있는 이해와 자기 일의 중요성 등을 깨닫게 된다.

1페이지 업무 스케치는 무엇으로 이루어지나?

1페이지 업무 스케치는 다음의 네 가지로 구성된다.

목적인 일의 WHY

성공적인 결과 여부를 확인할 수 있는 목표 설계도

목표를 성과로 바꿀 수 있는 전략

목표를 달성할 때의 지원 요청사항

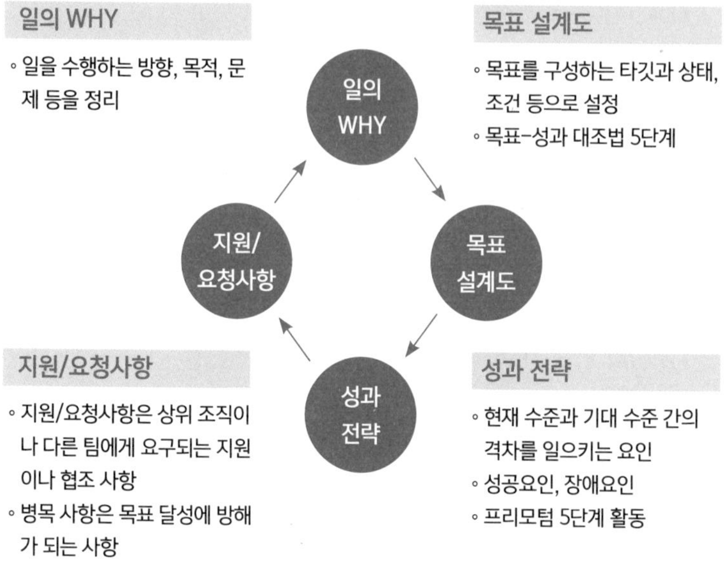

언제 1페이지 업무 스케치가 효과적인가?

1페이지 업무 스케치는 고정적으로 운영하기보다는 수시로 떨어지는 긴급 업무 등에 효과적이다. 또한 팀의 목표에 우선적으로 중요한 전략 목표를 배치할 때 유효하다. 혼자서 처리하기 힘든 프로젝트 업무 등에 더욱 효과적이며, 일이 지연되거나 일에 필요한 인력, 시간 등을 명확히 확인할 때 효과적이다.

1페이지로 목표와 전략을 정리하는 방법

1페이지로 업무의 목적, 목표, 전략을 정리하는 방법은 다음의 3단계로 이루어진다.

1단계, 성과 분석 및 현장에 대한 사전조사

2단계, 1단계에서 준비한 재료로 목표 전략 수립, 아울러 목표 실패에 대한 사전 부검인 프리모텀(premortem) 실시

3단계, 2단계에서 도출된 전략 과제들을 팀원 수만큼 그룹핑 하여 팀원들에게 배분

1단계에서는 이전에 달성한 성과를 분석한다. 성과 분석은 하기로 한 일을 실행했는지의 실행 여부, 목표의 달성 여부, 전략의 적중율을 확인한다. 이때 목표와 성과 대조법을 활용한다. 성과 대조법은 목표와 성과를 되풀이해서 대조시킴으로써 목표를 구성하고 있는 대상을 찾아내고, 성공요인이나 장애요인들을 더 걸러내는 방법이다. 목표 설계도는 목표로 하는 일의 진행 상태나 조건 등을 나타낸다.

목표와 성과 대조법은 다음의 5단계로 진행한다.

① 목표가 달성되었을 때의 장면을 바짝 끌어당겨 자세히 상상해본다. 이때 도움이 되는 것이 기존의 성과다. 기존의 성과를 구성하는 타깃들을 살펴보면 고객 유형별, 시장별, 고객 니즈 등으로 세분화시킬 수 있다.

② 목표를 이루기 위해 장애물을 극복하는 장면을 바짝 끌어당겨 자세히 상상해본다. 전월에 업무를 실행하며 지연되거나 실패한 사례가 있다면 이에 대한 업무 협의/협조, 프로세스,

필요한 능력/지식 등으로 나눠 살펴보자. 예컨대 내부에서 부서 간의 업무 공동대응 미흡, 고객 접점의 단순화, 제품 설명 시 특징 및 장점 설명 부족 등의 사례가 있을 수 있다.

③ ①과 ② 과정을 되풀이하면 목표 설계도는 더욱 자세하고 선명해진다. 이 단계에서는 변동 타깃과 고정 타깃을 구분한다. 고정 타깃은 기존에 성과 관리를 위해 관리해온 대상(기존 타깃)이고, 변동 타깃은 새롭게 찾아낸 관리 포인트이거나 변동 폭이 큰 대상(추가 타깃)이다. 다음은 현장을 2×2 매트릭스로 나누어 본다. 현장에 대한 사전조사에서는 현장을 직접적으로 관리하는 제1현장과 간접적으로 관리하는 제2현장으로 구분하여 관련된 사실과 의견을 구분하여 정리한다. 이로써 1페이지 업무 스케치를 하기 위한 사전준비는 완료된다.

2단계에서는 성과 전략을 수립한다. 성과 전략이란 목표 달성에 영향을 미치는 요인을 찾고, 공략 방법을 선택하는 것이다.

요인은 성공요인과 장애요인으로 나누고, 자신이 관리하고 통제할 수 있는 요인은 성공요인으로, 자신이 관리하기 어렵고 통제가 불가능하여 위험을 낮추어야 하는 요인은 장애요인으로 구분한다. 특히 목표 설계도가 한눈에 잘 안 보이거나 전략 수립에 팀원들이 몰입하지 못하는 이유는 업무가 정체되어 있거나 노력해도 되지 않을 것이라는 심리적 부담감을 주는 장애요인이 있기 때문이다. 따라서 이런 장애요인은 목표와 전략을 실패했다고 사전에 가정하고 무엇 때문에 실패했는지 살펴보는 '목표-전략 프리모텀'을 실시한다. 프리모텀은 실패에 대한 사전부검으로 팀장은 수립한 전략을 살펴보며 다음과 같이 말할 수 있다.

"전략을 수립하느라 모두 수고하셨습니다. 하지만 만약 이런 전략으로도 우리 팀이 목표 달성에 실패한다면 그 이유는 무엇일까요? 10분 정도 생각해보고 떠오르는 생각을 포스트잇을 활용하여 정리합시다."

팀장은 이를 통해 팀원들이 갖고 있을지 모르는 마음속의 부담감, 가상의 실패요인들을 살펴보고 필요하다면 이에 대한 대응 전략도 수립해야 한다.

목표-전략 프리모텀 방법은 다음의 5단계로 진행된다.

① 미달성을 유도할 것으로 생각되는 모든 원인을 적는다.
② 그 이유들의 배후에 있는 이유도 똑같이 적는다. 현상은 드러난 사실이고, 원인은 감추어진 이유다. 예를 들어 '제품 출하 지연'은 현상이고, '생산팀과 영업팀 간의 제품계약조건 공유 미흡'은 원인이다.
③ 미달성 원인을 분류하여 그룹핑 한다. 이때 프로세스, 사람, 능력/지식 등으로 구분하고, 시간이 걸려도 해결할 수 있는 것과 시간이 걸려도 해결할 수 없는 것으로 나눠본다.
④ 관리할 수 있는 것들과 관리할 수 없는 것들(ex. 인간적 특성으로 이기심, 급한 성격 등)을 구분한다.(성공요인과 장애요인 분류)

⑤ 관리할 수 있는 요인들을 분기/월간/주간 단위로 대응 방법을 수립하여 적용한다.

3단계는 업무 배분이다. 여기서는 팀의 목표를 달성하기 위해 도출된 전략과제를 팀원 수만큼 나누어 배분한다. 이때 일의 최종 목적지인 목표를 기준으로 배분한다. 아울러 전략을 실행하면서 필요한 팀장의 지원 요청사항, 팀 간 요청사항 등도 정리한다.

지원 요청사항은 상위 조직이나 다른 팀에게 요구되는 지원이나 협조 사항을 말한다.

병목 사항은 목표 달성에 방해가 되는 애로사항으로, 업무 병목 현상을 가리킨다. 업무 추진의 지연 이슈(업무 추진의 낭비 이슈)로 프로세스의 부재, 프로세스의 미준수 등이 해당된다. 이는 추후 전략과제로 리더의 직접적인 관리가 필요하다.

다음은 영업팀의 1페이지 업무 스케치 예시다.

1페이지 업무 스케치의 핵심은 팀원들에게 일방적으로 할 일을 지시하는 닫힌 일하는 방법이 아닌, 일을 시작하기 전에 팀원들에게 목표를 부여하고 반드시 타깃 고객과 공략 방법을 합의하는 열린 일하는 방법이다.

영업팀 1페이지 업무 스케치 예시

일의 WHY

이 일을 하게 된 이유로 문제, 상황, 배경을 설명

- [목적] 매출은 증가하고 있지만, 신규 고객과 기존 고객의 비율을 보면 신규 고객의 수가 낮아지고 있어 새로운 고객 확보가 다소 미흡한 상황
- 특히 새로운 고객 확보를 위한 구체적인 타깃 고객을 정하지 못함

목표 설계도

<성과 목표>=과자+핵심 성과지표+달성수준
<목표 설계도> 목표를 구성하고 있는 타깃들의 종합 목표가 달성된 상태, 조건을 명시

[목표]
신규 고객 확보+신규 고객 수+10,000명

[목표 설계도]
- 유행에 민감한 신규 고객+기획상품 개발 3,000명
- 가성비 중시 고객=가격 할인 행사 5,000명
- 고가형 선호 고객+주얼리 디자인 상품 개발 2,000명

달성 전략

현재 수준과 목표 사이의 Gap을 줄이기 위한 요인 발굴
성공요인과 장애요인 발굴
(이전 성과를 분석하여 성공요인, 예상되는 방해물 발굴)

- 유행에 민감한 신규 고객+기획상품 개발 3,000명
  - 내년도 유행 품목인 폭스형 모델 추가 개발 5건(~11/20)
  - 선호도 조사로 최종모델 확정 2개(10/30)
  - 메탈 보잉 EF 2개 라인 추가 개발(11/30)

- 가성비 중시 고객+가격 할인 행사 5,000명
  - 2016년 베스트모델 선정 할인 10개 추가(9/30)
  - 연예인 협찬 2회(10/20)
  - 카톡, 페북 등 온라인 노출 10회(11/30)
- 고가형 선호 고객+주얼리 디자인 상품 개발 2,000명
  - 블랙 & 화이트 뿔테에 'xx' 주얼리 접목 3개(10/30)
  - 화려한 컬러의 와인, 바이올렛 테 추가 2개(12/30)

지원요청

목표 달성에 필요한 타 부서의 지원사항, 협의/협조 사항

지원 요청사항
- 제품 개발에 따른 생산팀의 이슈 합의 요청
- 베스트모델 선정을 위한 마케팅팀 담당자 선정 협의
- 주요 프랜차이즈 10개 마트 매장 사장 미팅 일정 확정

잡일 하는 상사와 일 잘하는 리더는 한 끗 차이다

잡일 하는 상사는 경영진의 의도를 파악하는 데에만 급급하다. 일은 열심히 하지만, 회사에 기여하는 성과로 연결되지 못하는 경우가 많다. 팀원들의 행동을 점검하고 통제하는 것에 집중하고, 기존의 제도나 시스템 유지에만 치우친다. 또 단순히 수치화할 수 있는 관리형 데이터만 분석하고, 수량화가 어려운 전략적 데이터는 간과한다. 아울러 알려진 업무 관행에만 의존하여 새로운 시도 등은 다소 등한시한다.

한편 일 잘하는 리더는 자신의 성과를 창출하는 현장을 중심으로 데이터를 수집하고, 이를 근거로 팀원들과 함께 전략을 수립한다. 아울러 부서의 목표와 팀원들의 목표를 전략적으로 연결시키고, 팀원들에게 실행을 부탁하고 자신은 책임을 감수한다. 즉, 팀원들에게 현장의 실행 권한을 위임한다. 또 자신의 목표에 영향을 미치는 다양한 데이터를 가설을 통해 수립하고, 이를 근거로 직관적인 판단력을 발휘한다. 이를 통해 자신만의 일하는 방법을 만들어가고, 일을 통해 팀원을 육성한다. 상사는 짜놓은 판 위에서 아등바등하지만, 리더는 일의 목적을 중심으로 판을 짜고 팀원들의 관심을 모으며 실행력을 높인다.

3

연말에 정리할 4가지 성과 복기

성과 복기란 무엇인가?

승리를 위해 바둑 프로기사들은 어릴 때부터 패배한 경기들을 복기한다. 승패를 두고 크게 울거나 웃는 대신 차분히 앉아 실수를 곱씹어야 하는 게 바둑이다. 목표를 달성하기 위한 전략 수립이 모의고사라면, 성과 복기는 오답노트다. 바둑 프로기사에겐 오답노트 작성인 복기가 일상이다. "이기고 지는 것은 이미 벌어진 일이고, 이유를 알고 싶은 욕망이 더 크다. 어떻게 이겼는지는 크게 중요하지 않다"는 이세돌 9단의 말은 성과 복기의 목적을 알려준다.

성과 복기는 업무 종료 후 성과와 일의 실행 단계를 되짚어보고 다음에 보완할 시사점을 도출하고 축적하는 것이다.

성과 복기는 이기는 습관을 만들어주고, 미흡한 성과의 복기는 이길 준비를 하게 해준다.

성과 복기로 팀장은 팀원들의 업무 관리 능력을 파악하고, 현장의 이슈를 이해할 수 있다. 아울러 팀원들의 업무 실력을 육성시킬 수 있다. 결과적으로 팀원들은 업무를 수행하는 목적을 이해할 수 있으며, 현장의 이슈를 관리하는 전략 수립 역량을 향상시킬 수 있다.

성과 복기는 가능한 한 달에 한 번 정도, 팀원 한 명당 15분 내외로 대화하면 바람직하다.

기존 평가와는 무엇이 다른가?

성과 복기는 매달 15분 이하의 짧은 시간 동안 과정에 대한 검토에 집중하고, 기존 평가는 평가 결과에 대해 비판하거나 불만을 논의한다.

성과 복기는 대화이고, 기존 평가는 팀장이 평가를 통보하는 일방적인 독백의 시간이다.

성과 복기는 주제에 따라 1년에 최소 네 번 나누는 자유로운 대화이고, 기존 평가는 연말에 한 번 또는 반기마다 연 2회 하는 이벤트다.

성과 복기는 다음 성과를 내기 위한 시사점을 정리하고 지속적으로 보완하지만, 기존 평가는 1년 단위로 해서 후속 조치가 미흡하다.

성과 복기는 연중에 성과를 향상하기 위한 도구이고, 기존 평가는 결과 통보의 명령서다.

성과 복기는 무엇으로 이루어지나?

항상 지금보다 더 나은 성과를 내고 성장하기를 원하지만, 매일 바쁜 일상에서 팀원들이 스스로를 돌아볼 시간을 갖기는 쉽지 않다. 팀장은 팀원들의 일상에 관여하기보다는 한 달에 한 번 정도 팀원들이 목적 중심으로 자신이 이룬 성과와 목표를 비교함으로써 앞으로 더 나은 결과를 내기 위해 어떻게 일할 것인지 찾도록 유도해야 한다. 지난 일을 돌아보며 잘한 점과 미흡한 점을 확인하고 유지할 일과 폐기할 일, 새롭게 만들어낼 일을 찾도록 하는 과정이 반드시 필요하다.

성과 복기 방법

성과 복기 방법에는 총 네 가지가 있다. 첫 번째 방법은 업무 몰입 복기로, 팀원들이 자신의 일에 몰입하는 정도와 팀 내에서 협업하는 정도를 확인한다. 두 번째 방법은 성향 진단 및 업무 고민 복기로, 팀원들의 업무 성향과 맡고 있는 업무의 형태를 진단하여 적합한 일하는 방법을 코칭 하고, 일하는 방법을 개선하도록 코칭 한다. 세 번째 방법은 성과 달성 가능성 복기로, 목적을 목표로 제대로 전환했는지 등 전략의 적중 가능성을 토의한다. 네 번째 방법은 역량 개발 복기로, 팀원들이 어떤 전문가로 성장하고 싶은지에 따라 목표를 달성하는 데 필요한 지식이나 스킬 등을 파악한다.

첫 번째 달 : 업무 몰입 복기

업무 몰입 복기는 팀원들이 자신의 일과 팀에 대해 갖는 생각을 바탕으로 한다. 즉, 팀원들의 일에 대한 만족도와 몰입도, 협업을 위한 팀 내 의사소통으로 이루어진다. 팀원들이 갖는 자기 일에 대한 몰입도와 협력에 대한 태도를 알아내고, 이를 바탕으로 팀 내 업무에서 실행 및 협업하도록 지원할 수 있다. 제대로만 하면 팀장은 업무 몰입 복기를 통해 업무에 대한 팀원들의 자신감을 북돋을 수 있다.

업무의 몰입도는 단계별로 성장하고, 기초적인 몰입이 이루어지면 다음 단계로 전이된다. 몰입의 1단계는 안전한 근무환경, 일을 잘할 수 있는 수단과 자원, 훈련, 효과적인 커뮤니케이션 등이 있으

월별 성과복기의 주제와 12가지 핵심질문

구분	주제	키워드	핵심질문
첫 번째 달	몰입 관리	직무만족도 의사소통	① 현재 직무만족도에 점수를 매긴다면 몇 점일까? - 나머지 점수를 보완하기 위한 과제는 무엇일까? ② 현재 사기에 점수를 매긴다면 몇 점일까? - 나머지 점수를 보완하기 위한 과제는 무엇일까? ③ 팀내 의사소통에 몇 점을 주겠는가? - 자신이 팀장이라면 어떤 것을 먼저 하겠는가?
두 번째 달	성과달성 가능성	성과 개선 여지 성과전략 코칭	④ 성과를 높일 수 있는 여지나 가능성은 어디에서 찾을 수 있나? ⑤ 자신(팀원)의 성과를 높이기 위한 핵심성공요인과 예상장애요인은 무엇이라고 판단하나? ⑥ 성과를 높이기 위해 팀장이 어떻게 도우면 되겠는가?
세 번째 달	성향과 업무	팀원의 성향과 업무간 매칭 여부와 업무 어려움	⑦ 본인의 강점은 무엇이라고 생각하나? ⑧ 본인의 성향과 업무는 서로 매칭이 잘 된다고 판단하나? ⑨ 본인의 성향과 강점은 팀에서 당신의 현재와 미래의 역할에 어떻게 쓰일 수 있겠는가?
네 번째 달	역량 개발	지원과 성장	⑩ 향후 어떤 전문가로 성장하고 싶은가? ⑪ 목표 달성을 위해 어떤 기술을 배우고 싶은가? ⑫ 비전&목표를 위해 어떤 학습의 기회를 얻고 싶은가?

면 형성된다. 1단계는 만족(satisfied)의 단계다. 자신의 일에 스스로 몰입하며 일을 찾아서 하는 2단계는 몰입(engaged)의 단계다. 2단계를 충족하면 동기부여를 받은 팀원이 다른 팀원들과 협업하게 되고, 이로 인해 조직 전체가 몰입하는 분위기가 형성되는 상생의 단계로 발전한다. 3단계는 고무(inspired)의 단계다. 글로벌 컨설팅기업 베인앤드컴퍼니가 12개 업종과 308개 사를 조사한 결과 1단계에 있는 기업은 60퍼센트, 2단계에 있는 기업은 20퍼센트, 3단계에 있는 기업은 20퍼센트에 달하는 것으로 조사되었다.

업무 몰입 복기를 통해 팀장은 팀원들의 업무에 대한 기대감과 가치관을 파악할 수 있으며, 아울러 향후 팀을 어떤 식으로 개선할지 구체적인 과제를 도출할 수 있다. 일에 대한 만족도와 몰입도에 대한 대화를 통해 팀원들이 갖고 있는 업무에 대한 가치관을 알 수 있으며, 팀장은 팀원들에게 업무 수행에 대한 요청과 그 기대감을 제시할 수 있다.

팀원들이 갖고 있는 업무에 대한 정의와 몰입도를 몇 점으로 매기느냐가 중요한 것이 아니라 자신의 업무를 어떻게 생각하고 있는지를 파악하는 것이 중요하다. 자신의 업무를 지나치게 기대 이하로 이야기하거나, 기대 이상으로 이야기하는 경우 팀장은 팀 내에서 그 팀원의 업무가 차지하는 위치를 설명하고, 그 업무에 대한 기대감을 표현해야 한다. 아울러 팀원들의 업무 몰입도를 높이기 위한 과제를 확인할 수 있다. 그 과제는 팀 내의 개선 과제로 운영할 수도 있고, 인사팀과 공유하여 제도나 인사관리의 개선 과제로 운영할 수도 있다. 이를 위해 업무 몰입 복기 시 어떤 질문을 던져야 할까?

첫 번째 질문은 "현재 자신의 업무 몰입도를 1점부터 10점까지의 점수 중 몇 점을 줄 수 있는가?"이다. 이 질문은 추가적으로 두 번째 질문을 유도할 수 있다.

두 번째 질문은 "10점 만점으로 점수를 올리기 위해 어떤 점을 지원해주면 되는가?"이다. 이 질문을 통해 팀원들의 업무 몰입도를 방해하는 요인을 파악할 수 있다. 팀원들의 업무 몰입도는 다양한 요인에 영향을 받을 수 있다. 몰입도 점수와 몰입도를 높이기 위한 과제는 향후 개선 과제로 활용할 수 있는 기준이 된다.

세 번째 질문은 "현재 팀 내 협업 정도는 1점부터 10점까지 중 몇 점을 줄 수 있는가?"이다. 아울러 "나머지 점수를 올리기 위해 팀장이 어떤 점을 지원해주면 좋겠는가?"를 물을 수 있다. 이 질문들을 통해 팀원들이 협업과 의사소통을 어느 정도로 느끼고 있는지 파악할 수 있다. 특히 팀원들이 제시하는 과제는 팀 내에서 즉각적인 과제로 수행할 수도 있으며, 많은 팀원들의 의견이 나왔다면 인사팀과 협의하여 회사 차원의 개선 과제로 운영할 수도 있다.

다음 도표는 업무 몰입도 파악과 지원사항을 파악하기 위한 대화다.

팀원별로 정리된 팀원들의 업무 몰입도와 팀 개선을 위한 과제는 함께 공유하도록 한다. 문제를 해결하기 위한 첫걸음은 무엇이 문제인지를 파악하는 것이다. 팀원 간에 서로 파악하고 있는 문제

업무몰입도 대화 정리 시트

Q. 현재 **업무 몰입도**를 1점에서 10점까지 중에 몇 점을 매기겠는가?									
1점	2점	3점	4점	5점	6점	7점	8점	9점	10점

Q. 나머지 점수를 높이기 위해서 지원하고 도와야 하는 일은 무엇인가?

Q. 현재 **팀내 협업 정도**는 1점부터 10점까지 중에 몇 점을 매기겠는가?									
1점	2점	3점	4점	5점	6점	7점	8점	9점	10점

Q. 나머지 점수를 높이기 위해서 지원하고 도와야 하는 일은 무엇인가?

점이 다르다면 벽이 생길 수 있고, 이로 인해 개선점과 방향이 달라질 수 있다. 팀원 개인의 문제가 아니라면 팀장은 팀원들의 업무 몰입도를 높이고 협업을 원활히 하기 위해 팀원들이 느끼고 있는 업무 몰입도와 팀 개선 과제를 공유해야 한다.

두 번째 달 : 성과 달성 가능성 복기

성과 달성 가능성 복기는 팀장과 팀원들이 모두 철저히 준비하는 것에서 시작된다. 팀장은 팀원들의 성과 달성 가능성 복기를 할 때 팀원들의 과제에 대한 일의 WHY와 성과 달성 여부, 목표와 성과 간의 차이, 그리고 성과를 달성하기 위한 개선사항을 도출할 수 있다.

팀장은 대화 전 다음 질문에 스스로 답해보자.

- 애초 팀원에게 부여한 일의 WHY는 무엇이었나?
- 어떤 성과를 기대했나?
- 목표와 성과 간의 차이는 무엇인가? 무엇을 잘했고, 무엇을 놓쳤나?
- 무엇을 보완해야 하며, 그 방법은 무엇인가?

위의 질문은 팀장이 성과 달성 가능성 복기 시 팀원들에게 던질 질문이다. 팀장이 팀원들의 관점에서 사전에 질문에 답을 함으로써 현장 이슈를 사전에 확인하고, 혹시 있을지 모르는 팀원과의 이견을 좁히기 위한 사전준비다.

그렇다면 팀장은 성과 달성 가능성 복기 시 팀원들에게 어떤 질문을 던져야 하나?

첫 번째 질문은 "자신이 파악한 일의 WHY는 무엇인가?"이다. 이 질문은 팀원들이 자신의 업무에 대해 얼마나 이해하고 있는지 파악하기 위한 질문이다. 이를 통해 팀원들이 맡고 있는 일의 배경, 문제, 상황 등을 제대로 이해하고 있는지 확인하고, 이를 목표로 제대로 전환했는지 확인할 수 있다.

두 번째 질문은 "현재 본인이 판단한 성과는 무엇인가?"이다. 이 질문은 실제 성취한 일의 결과물을 두고 묻는 것이다. 애초에 세운

성과 달성 가능성 대화 정리 시트

Q. 자신이 파악한 일의 WHY는 무엇인가?
Q. 현재 본인이 판단한 성과는 무엇인가?
- 만약 달성했다면 또는 미달성했다면, 이런 차이가 발생된 요인은 무엇인가?
Q. 목표를 성과로 만들기 위해서 무엇을 보완하는가?
- 구체적인 실행계획은 무엇인가?

목표와 성과를 비교하여 예상과 다른 점을 파악한 다음 해야 할 질문은 "만약 달성했다면 또는 미달성했다면, 이런 차이가 발생한 요인은 무엇인가?"이다. 여기서는 팀원들에게 프로세스, 기술 지원 등의 외부요인과 아울러 팀원의 부족한 역량 등을 확인하도록 한다. 즉, 업무 수행 프로세스 중 미흡한 점이나, 확보하지 못한 지식이나 스킬, 예상치 못한 성공요인 또는 장애요인을 찾아내도록 할 수 있다.

세 번째 질문은 "목표를 성과로 만들기 위해 무엇을 보완해야 하며, 구체적인 실행 계획은 무엇인가?"이다. 여기서는 앞서 파악한 프로세스의 보완, 전략요인의 반영, 지원이 필요한 교육이나 일정 등이 제대로 반영되었는지를 확인한다.

위 도표는 성과 달성 가능성 복기 시 필요한 질문이다.

심리학에 '행위자-관찰자 편향(Actor-Observer bias)'이라는 것이 있다. 자신이 한 행동의 이유는 주로 외부환경에서 찾고, 다른 사람의 행동은 내면에서 이유를 찾는다는 뜻이다. 예를 들어 자신이 횡단보도에서 빨간불에 건널 때에는 "다니는 차도 없고, 위험하지 않아서"라고 생각하지만, 남이 그러면 "준법정신이 부족하기 때문"이라고 생각하는 식이다. 이렇게 자기 합리화를 하는 이유는 그러지 않으면 스스로 스트레스를 받아 살 수 없기 때문이다. 일종의 방어기제다.

성과 복기 중 성과 달성 가능성 복기는 팀원들을 탓하고 서로 감정을 상하게 하는 것이 아닌, 냉정하게 프로세스를 보완하고 서로의 다른 관점을 통합하는 대화다. 따라서 현재의 성과가 좋다고 해서 무난하게 마무리하거나, 혹은 현재 성과가 미흡하다고 해서 핑계와 원망으로 대화를 할 필요가 없다. 목적지를 고정하고 출발해도 바람의 변화에 따라 조종간을 계속 움직여서 흐름에 맞추고 무사히 안착하는 것이 목적이듯, 성과 달성 가능성 복기는 설정한 목표가 성과라는 비행지에 도착할 수 있도록 끊임없이 조종간을 움직이는 단계라고 봐야 한다. 미달성이라는 불행에 빠지지 않으려면 팀원들을 자신의 업무 파트너로 인식하고, 지속적으로 역량을 키워주기 위한 대화를 이끌어가야 한다.

세 번째 달 : 성향 진단 및 업무 고민 복기

팀원들의 성향과 업무 형태를 진단하고 고민하는 복기를 통해 팀장은 팀원들의 성향과 업무 형태를 이해하고 평소 업무에 대한 코칭을 개선해나갈 수 있다. 성과 복기는 팀원들이 일할 때 성취 지향적인지, 안정 지향적인지를 파악하고, 아울러 업무가 반복적으로 수행하는 업무인지, 아이디어나 관점의 변화 등 유연함을 원하는 업무인지를 파악하여 이를 바탕으로 팀원들의 업무를 코칭 하기 위한 과정이다.

기존의 평가는 목표를 달성하는 과정에 나타난 부족한 점을 파악하고 이를 극복하는 데 초점을 맞춘다. 그러나 성향 진단 및 업무 고민 복기는 팀원들의 강점을 활용하고 강화하는 데 시간과 노력을 투입하여 더 나은 성과를 만들 수 있도록 돕는다. 약점을 극복하는 데 한 시간을 투입하는 것보다 강점을 강화하는 데 한 시간을 투입하는 것이 훨씬 수월하고 더 나은 성과를 가져온다. 더욱이 팀원들의 강점을 아울러서 하나의 시너지로 만들 때 팀으로서 일하는 의미가 더욱 강해진다.

실제로 상당수의 팀장들은 팀원들의 약점은 정확히 꿰뚫는 반면, 장점은 다소 희미하게 파악한다. 팀원들의 약점을 간과하자는 뜻은 아니다. 다만 팀원들의 약점은 성과 달성 가능성 복기에서 전략을 분석할 때 미흡하거나 놓친 전략적 요인들을 찾도록 해야 한다. 성향 진단 및 업무 고민 복기에서는 팀원들의 강점을 파악하고 팀 전체의 관점에서 팀원의 역할과 코칭 할 내용을 찾아내는 데 기회와 시간을 더 투입하자는 것이다.

특히 팀원들의 성향과 강점은 평소의 행동과 일상의 말투, 구조화된 질문, 그리고 달성한 업무 결과를 파악해야 알 수 있다.(팀원의 성향 파악과 업무 유형 판단은 2부 5장에서 자세히 설명했다.) 아울러 2부 6장 동기관리에서 파악한 것처럼, 팀원들의 강점을 활용하면 그에게 맞는 업무를 배분할 수 있다. 자신이 선호하는 일에는 자신에게 맞는 강점이 있다. 다시 말해 자신이 선호하는 일을 수행하다 보면 그 일에 능숙해진다. 결국 능숙해지면 성과를 내고, 더욱더 그 일을 좋아하는 선순환 고리가 만들어진다. 그렇다면 성향 진단 및 업무 고민 복기에서는 어떤 대화를 나눠야 할까?

첫 번째 질문은 "현재 하는 일 중에서 가장 좋아하는 과제는 무엇인가?"이다. 이 질문을 통해 팀원들이 선호하는 일을 파악할 수 있다. 이어지는 질문은 "그 과제를 좋아하는 이유는 무엇인가?"이다. 이를 통해 팀원들의 강점을 파악할 수 있다. 이 질문으로 팀장은 팀원들의 강점을 재확인할 수 있다. 예를 들어 "사람 상대하는 것이 좋습니다"라고 했다면 그는 사람을 상대하거나 남들 앞에서 잘 이야기하는 장점이 있을 수 있다. 팀원들의 강점은 업무를 확대하거나 다른 직무로 순환할 때 우선적으로 고려할 수 있는 근거다.

두 번째 질문은 "평소 성취 지향적으로 보는가, 안정 지향적 성격이라고 보는가?"이다. 이 질문을 통해 팀원들이 스스로 행동 성향을 잘 파악하고 있는지를 확인할 수 있다. 또 팀원들이 갖고 있는 성취 지향의 장점 또는 안정 지향의 장점을 재확인할 수 있다. 다시 말해 팀장이 파악한 팀원들의 행동 성향과 팀원들이 스스로 이야기하는 행동 성향을 비교하여 서로 보완할 수 있다. 이를 통해 팀원들

업무몰입도 파악 질문과 대화 정리 시트

Q. 현재 직무에서 가장 좋아하는 과제가 무엇인가?
Q. 왜 그 과제를 좋아하는가?
- 팀원이 갖고 있는 장점 파악
Q. 본인을 평소 성취 지향적으로 보는가? 안정 지향적으로 보는가?
- 팀장이 파악한 팀원의 행동성향과 비교하여 팀원의 행동성향 정리 (성취 지향의 장점, 안정 지향의 장점 재확인)
Q. 본인의 성향의 강점을 강화하거나 약점을 보완하기 위해서는 어떤 지원이 필요한가?

이 스스로 자신의 강점을 파악하고, 업무 수행 시 보완점을 찾도록 유도 가능하다.

세 번째 질문은 "자신의 강점을 강화하거나 약점을 보완하기 위해서는 어떤 지원이 필요한가?"이다. 이는 팀원들이 서로 장점을 결합하여 일하며, 다른 팀원에게 배울 점이 있다는 것을 안내하는 질문이다.

위 도표는 팀원들의 성향과 업무 유형을 파악하고, 코칭 하기 위한 대화다.

네 번째 달 : 역량 개발 복기

훈련과 학습은 다르다. 훈련은 공식적으로 지식과 스킬을 배우는 것이고, 학습은 다른 사람의 관찰, 업무 경험, 경험의 리뷰 등을 통해 배우고 습득하는 것이다. 훈련은 체계적으로 구조가 잡혀 있고 트레이너인 전문가에 의해 일방적으로 이루어진다. 반면 학습은 학습자 스스로 다양한 경험을 통해 지식이나 스킬의 필요성을 깨닫고 필요한 지식과 스킬을 결정하고 익히는 것이다. 훈련은 트레이너 중심이고, 학습은 학습자 중심이다. 따라서 학습은 훈련보다 조금 더 포괄적이라고 할 수 있다.

팀장이 팀원들의 역량을 개발시켜주기 위해서는 두 가지 측면을 고려해야 한다. 팀장은 올해 성과를 달성하기 위해 필요한 지식과 스킬, 팀원들이 어떤 전문가로 성장하기 위한 지식과 스킬을 확인해야 한다. 이를 위해 역량 개발 복기 시에는 어떤 질문을 던져야 하나?

첫 번째 질문은 "올해 목표를 달성하기 위해 필요한 본인의 역량에 1점에서 10점까지 중 몇 점을 주겠는가?"이다. 이 질문은 팀원들이 올해 목표를 달성하기 위해 보유하고 있어야 하는 지식과 스킬 등을 말한다. 일반적으로 하나의 직무에 필요한 지식이나 스킬은 5~8가지 정도다. 이에 대한 보충 질문은 "어떤 지식을 보유하고 있는가?", "어떤 지식이나 스킬을 개선할 필요가 있나?", "예를 들어서 현재 해결할 수 있는 과제를 말한다면?" 등이다.

두 번째 질문은 "앞으로 전문가가 되기 위해 자신이 어떤 기술

분야를 개선할 여지가 있다고 보는가?"이다. 이 질문은 전문가로 성장한다는 가정 하에 하는 것이다. 만약 팀원이 관리자로 성장하기를 원하거나, 다른 직무를 하기 원한다면 다른 질문이 가능하다. 예를 들어 팀의 예비 리더로 육성하기 위해서는 의사소통을 높일 수 있는 교육을 실시하거나, 팀원들을 이해하기 위한 멘토링 과제를 내줄 수 있다. 육성 방법은 교육 외에도 과제 수행이나 임시조직의 리더 역할 부여 등 다양한 방법이 있다.

세 번째 질문은 "최근 수행한 업무에서 느낀 고민과 어려움은 무엇인가?"이다. 이는 자신이 처한 문제를 어떻게 파악하고, 이를 해결하면서 무엇을 배웠는지를 설명하도록 하기 위한 질문이다. 그다음 질문은 "무슨 일이 있었나?", "그 상황에서 어떻게 접근했나?", "그 상황에서 무엇을 배웠는가?", "다음에 유사한 상황과 문제가 일어난다면 무엇을 해보겠나?" 등으로, 문제를 기반으로 해결 방법을 학습하도록 유도해야 한다.

다음은 역량 개발 복기 시 필요한 대화다.

사람은 살아가면서 배운다. 호기심이 있고, 배우려는 자세가 되어 있다면 나이가 얼마든 간에 끊임없이 발전한다. 자신이 겪은 경험은 다른 사람을 이해하는 여유가 된다. 회사에도 마찬가지다. 우리는 일하면서 배운다. 얼마나 많은 경험을 했느냐에 따라 업무 해석력이 달라진다. 삶에 대한 독해력과 일에 대한 독해력은 비슷하다. 살다 보면 느끼는 것이 있고, 배울 것이 또 생긴다. 일도 해보고 나서야 무엇을 아는지, 무엇을 배워야 하는지를 알 수 있다. 삶에서

역량개발 대화 정리 시트

Q. 올해 목표를 달성하기 위해 본인이 보유한 역량에 1점에서 10점까지 중 몇 점을 주겠는가?									
1점	2점	3점	4점	5점	6점	7점	8점	9점	10점

Q. 어떤 지식을 보유하고 있는가?

- 어떤 지식이나 스킬을 개선할 필요가 있나?
- 예를 들어서 현재 해결할 수 있는 과제를 말한다면?

Q. 앞으로 전문가가 되기 위해 자신이 어떤 기술 분야를 개선할 여지가 있다고 보는가?

Q. 최근 수행한 업무중 고민과 어려움은 무엇인가?

- 무슨 일이 있었나?
- 그 상황에서 어떻게 접근했나?
- 그 상황에서 무엇을 배웠는가?
- 다음에 유사한 상황과 문제가 일어난다면 무엇을 해보겠나?

경험이 주는 교훈만큼 뼈저린 교훈이 없듯, 팀원 교육에서도 팀원들에게 다양한 경험을 제공하고, 이를 통해 스스로 배울 수 있도록 하는 것이 왕도다.

최고의 직장은 배울 수 있는 곳이다

흔히 좋은 회사라고 하면 연봉 높은 회사, 안정적인 회사 등을 떠올리는데, 최고의 직장은 다음의 세 가지 특징을 지니지 않을까 싶다.

첫째, 좋은 회사는 동료, 선배, 후배에게서 배울 수 있는 곳이다. 나보다 뛰어난 사람들이 많을수록 많이 배울 수 있다. 한 업무에 정통하고 나름대로의 식견을 가진 전문가들이 많은 곳에서 함께 일하면 많은 것을 배울 수 있다. 즉, 많은 사람들에게서 배울 수 있는 회사가 좋은 회사다.

둘째, 좋은 회사는 혼자서 처음부터 끝까지 다 해볼 수 있는 곳이다. 이슈를 찾아내고, 사람들을 설득하고, 실행에 필요한 구체적인 사항들을 지원해주면 자기 사업이 아니라도 일에 대한 A부터 Z까지 배울 수 있다. 즉, 일의 깊이를 배울 수 있는 회사가 좋은 회사다.

셋째, 좋은 회사는 자신의 분야를 확장할 수 있는 곳이다. 교육이나 인사와 같이 인접한 업무로 확대할 수도 있지만, 글을 쓰거나 취재하는 것처럼 전혀 연관성이 없는 일을 배울 수 있는 회사도 좋은 회사다.

팀원들과 함께 성과 복기를 하는 것은 선배로서 팀원들에게 주는 최고의 선물이 아닐까 싶다. 그 선물을 제대로 받고, 받지 않고는 다른 문제다. 만약 후배가 이 기회를 받지 않는다면? 기회는 주되, 변화를 강요할 수 없다.

에필로그

버티는 직장생활, 이루는 직장생활

브룩스의 삶 vs 레드의 삶

영화 〈쇼생크 탈출〉의 주인공은 누구일까? 대부분 팀 로빈스가 연기한 앤디 듀프레인을 꼽지만, 필자는 모건 프리먼이 연기한 '레드'와 나이 든 죄수이자 교도소 내 도서관 사서인 '브룩스'가 눈에 밟힌다.

브룩스는 45년 넘게 있던 교도소에서 가석방되어 잡화점에 취직한다. 잡화점에서 매니저에게 일일이 지적받고, 정해진 집에서 사는 브룩스. 그는 출소 후 교도소를 그리워한다. 그에게 45년 넘게 있었던 교도소는 안식처이고, 교도소 밖의 생활은 지옥과 같다. 교도소에서 매일 책을 나르고 수거하는 삶이 진부하기는 했지만, 지속성이 있고 나름 안정감이 있었다. 그는 그렇게 교도소의 일상에 길들여졌다. 오히려 외부생활은 곁에서 감시를 받는 것 같고 불안했다. 그는 끝내 자살을 선택한다. 그는 나이가 들어 감옥으로 돌아가기 위해 범죄를 저지를 수도 없었다. 브룩스의 그런 모습들은 평범한 일상의 반복이 개인에게 주어진 자유를 오히려 회피하게 만드는 모습을 보여준다. 그가 선택한 것은 자유로부터의 회피다.

반대로 레드는 어떤가? 레드도 브룩스처럼 가석방을 받아 잡화점에서 일한다. 그도 교도소에서의 일상에 길들여졌지만, 브룩스와는 다른 모습이다. 레드는 절친 앤디의 탈출을 보며 자유를 학습한다. 왜 자유가 필요한지, 자유가 얼마나 좋은지, 자유가 있으면 사람이 어떻게 살아야 하는지 등을 앤디에게서 배운다. 그래서 불안하고 자유를 부담스러워하며 외부생활에 좌절하던 레드는 앤디가 남긴 상자를 찾으러 떠난다. 레드는 상자 속에서 앤디의 편지를 보고 새로운 희망을 찾아 국경을 넘는다. 브룩스는 자살하고, 레드는 탈출한다. 브룩스와 레드 모두 수감생활에 길들여졌다. 하지만 레드는 사람에게서 배우고, 자신의 희망을 찾아 떠난다.

회사생활도 비슷하다. 누군가는 직장을 다니지만, 누군가는 실력을 쌓는다. 누구나 직장에 익숙해진다. 하지만 누군가는 길들여지고, 누군가는 동료에게서 배운다. 누군가는 성과를 내라고 떠밀리지만, 누군가는 함께 성과를 만든다. 누군가는 수동태로 살지만, 누군가는 능동태로 산다. 자신이 레드로 살아갈지, 브룩스로 살아갈지는 선택하기 나름이다. 선택은 옳고 그름의 문제가 아니라 관점의 문제다.

견디는 직장생활과 이루는 직장생활 중 어떤 것을 선택할 것인가? 이는 온전히 선택의 몫이다. 삶은 말로 쓰지 않는다. 삶은 행동으로 쓴다. 무엇을 목표로 세우느냐보다 오늘 무엇을 하느냐가 더 중요하다.

어느 철학자는 우리의 인생이 짧은 이유를 '낭비'에서 찾았다. 인생은 충분히 긴데 방탕과 무관심에 인생을 흘려보내거나, 좋지 않은 일에 시간과 에너지를 소모해서 인생이 짧아진다. 그러다 죽음이라는 마지막 강요에 이르러서야 인생이 짧고 덧없다고 말한다. 그렇다면 인생을 충분히 살려면 어떻게 해야 할까?

항상 자신이 있는 곳에 로그인하고, 로그아웃하자. 회사에 있다면 몸과 마음을 다하여 일하고, 회사에서 퇴근하면 로그아웃하여 가정에 몸과 마음을 충실하자.

필자가 저성과자 프로그램에서 만난 어느 교육생은 처음에 자신이 저성과자 교육을 받는 것에 화를 냈다. 다른 팀원들은 운이 좋아서 이 교육을 받지 않고, 자신은 팀장에게 찍혀서 온 것이라고 생각했다. 그런데 점차 화가 누그러진 후 그는 진심을 말했다. 그는 회사에 나가면 집안과 아이들에 대한 걱정으로 제대로 일하지 못했고, 가정에서는 회사에서의 미흡한 성과가 불안하여 아빠와 남편 역할을 하지 못했다. 회사와 가정, 어느 곳에도 온전히 있지 못했고, 늘 그렇게 회사와 가정을 겉돌았다. 그는 교육 후 자기 일을 돌아보고 어떤 의미인지 알아가며, 새로운 방식으로 일하고 싶다는 포부로 마무리 인사를 했다.

회사를 왜 다니는지 물으면 먹고살기 위해 다닌다고 말하는 사람들이 종종 있다. 틀린 말은 아니지만, 일하는 이유가 돈이라면 일을 하는 목적이 너무 빈약하다. 어떤 직장인도 한 해, 두 해 흘러가며 두꺼워지는 월급봉투와 늘어가는 급여 숫자가 자신에게 확신이나 의미를 준다고는 말하지 않는다. 시간이 갈수록 인생에 대한 확신은 점점 얇아지는데, 월급봉투는 점점 두꺼워진다.

그렇다면 우리는 일하면서 무엇을 만들고 얻어야 할까? 이 질문을 다음과 같이 바꿔보자. '직장과 극장의 차이는 무엇일까?' 극장은 자기만족인 취미활동이지만, 직장은 남을 이롭게 하는 경제활동이다. 우리는 일을 통해 사람들과 연결된다. 일에서 서로 간에 만족스러운 성과를 내고 즐거움을 느낄 때 자신이 몸값과 밥값을 제대로 했다고 생각한다. 자기가 일하는 목적을 이해하고 그것을 목표로 바꿔 동료들과 함께 일하며 성과를 낼 때 우리는 기쁨을 느끼고 인정을 받는다. 제대로, 함께 일하며 얻는 즐거움은 회사에서 자신이 만들어내야 하는 것 중 하나다. 팀장은 혼자가 아닌 팀원들과 같이 일을 해야 하기에 더욱 제대로, 함께 일하는 즐거움을 찾아야 한다.

한 번의 교육이 역량을 개발시켜주지는 않는다

우리는 흔히 교육을 받고 나면 '이제 배웠으니 제대로 할 수 있겠지'라는 기대를 한다. 특히 직무와 관련해 문제가 생겨 교육을 받으면 '이제 알았으니 제대로 하겠지'라고 기대한다. 일견 맞는 말처럼 보이나 사실 지나친 생각이다. 교육 한 번 듣고, 책 한 번 읽었다고 역량이 개발되지는 않는다. 교육은 역량 개발의 기회일 뿐이다. 교육과 책은 그 속에 자신의 고민을 투영시키고, 조그마한 실마리를 찾아 일상에서 단련할 거리를 찾을 수 있는 기회다. 교육을 받았다고 해서 어떤 일을 할 때 필요한 지식이나 방법들을 능수능란하게 익혔다고는 말할 수 없다.

'운전자의 지식'이라는 말이 있다. 지식은 진짜 지식과 운전자의 지식, 두 가지로 나눌 수 있다. 진짜 지식은 오랜 시간을 들여 만들고 습득한 지식이고, 운전자의 지식은 모르는 것을 말로 설명하고 아는 것처럼 행동하는 사람의 지식을 뜻한다. 운전자의 지식을 가진 사람이 하지 않는 말은 "나는 그것을 잘 모릅니다"이다.

진짜 지식을 갖고 있는 사람은 자신이 무엇을 알고, 무엇을 모르는지 정확히 알고, 자신의 능력 밖에 있는 것에 대해서는 타인의 말을 듣거나 "나는 그것에 대해 잘 모릅니다"라고 당당하게 말한다. 한편 운전자의 지식을 가진 사람은 온갖 말을 다 해도 "나는 그것을 잘 모릅니다"라는 말을 하지 않는다. 운전자의 지식으로는 앞으로 일어날 일에 대응하기 어렵다. 일에 필요한 진짜 지식은 자기 일을 깊이 들여다보며, 목적을 중심으로 고민하고, 동료들과 제대로, 함께 일하는 방법이다. 음식을 씹어서 소화를 시켜야 에너지가 되어 힘을 쓸 수 있듯이 말이다.

이 글은 가족들의 응원과 선배들의 가르침이 있었기에 가능했다. 삶에 대한 진지함과 부지런함을 알려준 형님 윤영삼과 유머와 유쾌함을 가르쳐 주신 나의 어머님 심필섭 여사님께 감사함을 전한다. 아울러 항상 응원하고 지지하는 동료인 장제욱 교수와 팀원 진단 방법을 위해 한의학의 기초를 쉽게 설명해 준 김성원 원장께도 고마움을 전한다. 첫 직장에서 회사에서 일하는 자세를 가르쳐 준 김성훈 박사님, 기업교육과 인사관리를 가르쳐 주신 송병무 선배님께 감사드린다. 거인의 어깨가 있었기에 세상을 더 넓게 볼 수 있었다. 첫 책부터 이번 책까지 신경써준 유지서 실장께도 감사드린다. 마음 써서 책을 만들어 주신 김철원 보랏빛소 대표님, 김이슬 편집자께도 고마움을 전한다. 끝으로 현장에서 치열하게 고민했던

6,000명의 팀장들과 팀원들에게 감사의 인사를 전한다. 다들 힘겹게 고민하고 실천한 일들을 털어놔줬기에 이 책을 쓰는 것이 가능했다. 이 책이 다른 팀장들과 팀원의 고민에 응답이 되길 바란다.

나는 팀장답게 일하고 있는가

1판 1쇄 발행 2018년 8월 13일
1판 2쇄 발행 2019년 7월 5일

지은이 윤영철
펴낸곳 보랏빛소
펴낸이 김철원

기획 · 편집 김이슬
마케팅 · 홍보 박소영
표지 · 본문디자인 호기심고양이

출판신고 2014년 11월 26일 제2014-000095호
주소 서울특별시 마포구 월드컵북로6길 60, 덕산빌딩 203호
대표전화 · 팩스 070-8668-8802 F) 02-323-8803
이메일 boracow8800@gmail.com